제 4 판

원가관리회계

연습문제 해답집

김순기 · 황국재 · 임태종 · 이상완

弘 文 社

차 례

제 2 장 원가개념 및 용어

문1 해답

1. 재료비　　2. 직접원가　　3. 기본원가　　4. 준변동원가
5. 매출원가　　6. 준고정원가　　7. 변동원가　　8. 간접원가
9. 고정원가　　10. 가공원가　　11. 기간비용

문2 해답

1. (5)　　2. (3)　　3. (4)　　4. (1)　　5. (4)
6. (7)　　7. (5)　　8. (1)　　9. (11)　　10. (10)

문3 해답

1. 제품생산량을 x라고 하면
   기계임차료 : ₩8,000＋50x＝₩108,000
   ∴ x＝2,000단위

2. 제조간접비

변동제조간접비			
간접재료비		₩24,000	
간접노무비	₩34,000×.70 =	23,800	
기계임차료		100,000	
기타	₩240,000×.60 =	144,000	₩291,800
고정제조간접비			
간접노무비	₩34,000×.30 =	₩10,200	
급여-제조부문		40,000	
건물임차료	₩20,000×.80 =	16,000	
기계임차료		8,000	
기타	₩240,000×.40 =	96,000	170,200
계			₩462,000

3. 총변동원가 : ₩154,000+₩100,000+₩291,800=₩545,800

$$\therefore \text{ 제품단위당 변동원가 : } \frac{₩545,800}{2,000} = ₩272.90$$

4. 제품단위당 제조원가 : $₩272.90 + \dfrac{₩170,200}{2,000} = ₩358$

5. 제품단위당 총원가 : $\dfrac{₩886,000}{2,000} = ₩443$

문4 해답

제조원가명세서

Ⅰ.	직접재료비	₩165,000
Ⅱ.	직접노무비	70,000
Ⅲ.	제조간접비	63,000*
Ⅳ.	당기총제조원가	298,000
Ⅴ.	기초재공품재고액	–
Ⅵ.	합계	₩298,000
Ⅶ.	기말재공품재고액	–
Ⅷ.	당기제품제조원가	₩298,000

* 제조간접비

1) **변동제조간접비**

① 동력비	₩5,000	
② 간접노무비	10,000	
③ 기타제조간접비	8,000	₩23,000

2) **고정제조간접비**

① 간접노무비	₩20,000	
① 간접노무비	20,000	40,000
		₩63,000

매출원가명세서

기초제품재고액	–
당기제품제조원가	₩298,000
판매가능한 제품원가	₩298,000
기말제품재고액	(26,820)
매출원가	₩271,180

1. 소비된 재료＝생산수량×1단위당 사용량

＝100,000×3kg ＝ 300,000kg

∴ kg당 원가 : $\frac{₩165,000}{300,000}$ ＝ ₩0.55

∴ 기말직접재료재고액 : 2,000×₩0.55＝₩1,100

2. 20×7년 제품단위당(평균)원가 : $\frac{₩298,000}{100,000}$ ＝ ₩2.98

∴ 기말제품 수량 : 26,820÷₩2.98＝9,000단위

3. 판매가격을 x라 하면

매출액＝판매수량×판매가격

₩318,000＝(100,000－9,000)×x

∴ x＝₩3.5

문5 해답

1. 20×7년 직접재료비＝₩40,000＋₩330,000－₩70,000＝₩300,000
   ∴ 20×7년 직접노무비＝₩450,000－₩300,000＝₩150,000

2.

(1) 20×7년 노무비발생액＝₩180,000＋₩30,000－₩20,000＝₩190,000
   ∴ 20×7년 간접노무비＝₩190,000－₩150,000＝₩40,000

(2) 제조간접비를 x라고 하면
   x＝가공비×.80
   x＝(직접노무비＋x)×.80
   x＝(₩150,000＋x)×.80
   ∴ x＝₩600,000

3.

제조원가명세서

Ⅰ. 직접재료비		
기초직접재료재고액	₩40,000	
당기매입액	330,000	
사용가능액	370,000	
기말직접재료재고액	(70,000)	₩300,000
Ⅱ. 직접노무비		150,000
Ⅲ. 제조간접비		600,000
Ⅳ. 당기총제조원가		₩1,050,000
Ⅴ. 기초재공품재고액		70,000
Ⅵ. 합계		₩1,120,000
Ⅶ. 기말재공품재고액		370,000(∵ 역산)
Ⅷ. 당기제품제조원가		₩750,000

매출원가명세서

기초제품재고액	₩100,000
당기제품제조원가	750,000 (∵ 역산)
판매가능한 제품원가	₩850,000
기말제품재고액	(250,000) (∵ 역산)
매출원가	₩600,000*

* 매출원가＝매출액×(1－0.4)＝₩1,000,000×0.6＝₩600,000

4. ₩370,000

5. ₩250,000

문6 해답

원재료

1/1	50,000	직접재료비	300,000[a]
매입	350,000	3/26	100,000
	400,000		400,000

재공품

1/1	80,000	당기제품	
직접재료비	300,000	제조원가	660,000[d]
직접노무비	200,000	3/26	220,000
제조간접비	300,000[b]		
	880,000		880,000

제 품

1/1	120,000	매출원가	630,000[c]
당기제품			
제조원가	660,000	3/26	150,000
	780,000		780,000

(1) 기본원가 ＝ 직접재료비 ＋ 직접노무비

₩500,000 ＝ a ＋ ₩200,000

∴ 직접재료비(a)＝₩300,000

(2) 가공비 ＝ 직접노무비 ＋ 제조간접비

₩200,000＋b ＝ ₩200,000 ＋ (200,000＋b)×0.6

∴ 제조간접비(b)=₩300,000

(3) 매출액 = 매출원가 + 매출총이익

₩900,000 = c + ₩900,000×30%

∴ 매출원가(c)=₩630,000

(4) 기초제품재고액 + 당기제품제조원가 = 총판매가능제품

₩120,000 + d = ₩780,000

∴ 당기제품제조원가(d)=₩660,000

1. 소실된 제 품 ₩150,000
2. 소실된 재공품 ₩220,000
3. 소실된 원재료 ₩100,000

문7 해답

1. 제조원가명세서

직접재료비		
기초원재료	₩300,000	
원재료구입	800,000	
기말원재료	50,000	₩1,050,000
직접노무비		400,000
제조간접비		
공장동력비	₩50,000	
간접노무비	200,000	
공장감가상각비	90,000	
공장소모품비	60,000	
공장재산세	10,000	
기타제조간접비	100,000	510,000
당기총제조원가		₩1,960,000
기초재공품		100,000
생산가능액		₩2,060,000
기말재공품		20,000
당기제품제조원가		₩2,040,000

2. 손익계산서

매 출 액	₩3,500,000	
매출원가		
기초제품	₩400,000	
당기제품제조원가	2,040,000	
판매가능액	₩2,440,000	
기말제품	120,000	2,320,000
매출총이익		₩1,180,000
판매비와 관리비		900,000
당기순이익		₩280,000

문8 해답

1. 제조원가명세서

직접재료비		
원재료 기초재고	₩17,000	
당기매입액	74,000	
차감: 원재료 기말재고액	(11,900)	₩79,100
직접노무비		
당기지급액	₩46,000	
당기미지급액	11,000	57,000
제조간접비		
당기지급액	₩17,400	
당기미지급액	6,600	
가산: 전기선급액	1,800	25,800
당기총제조원가		₩161,900
기초재공품 재고액		8,000
차감: 기말재공품 재고액		(4,100)
당월제품제조원가		₩165,800

2. 당월 매출원가 산출

기초제품 재고액	₩6,500
당기제품제조원가	165,800
판매가능원가	₩172,300
차감: 기말제품 재고액	7,500
매출원가	₩164,800

문9 해답

1. 제조원가명세서

제조원가명세서

직접재료비	₩3,375,000*
직접노무비	2,250,000*
제조간접비	5,250,000
당기총제조원가	10,875,000
기초재공품재고액	3,000,000
합　　계	13,875,000
기말재공품재고액	2,500,000
당기제품제조원가	₩11,375,000

* 직접노무비를 x라 하고, 직접재료비를 y라 하면

$x=(x+₩5,250,000)\times 0.3$

$x=(x+y)\times 0.4$

$\therefore\ x=₩2,250,000$

$y=₩3,375,000$

2. 손익계산서 작성

손익계산서 작성

매 출 액	₩20,000,000
매출원가	
기초제품재고액	₩1,500,000
당기제품제조원가	11,375,000
판매가능원가	₩12,875,000

기말제품재고액	875,000*	12,000,000*
매출총이익		₩8,000,000
판매비와 관리비		
판매비	₩4,800,000**	
관리비	1,920,000**	6,720,000
순 이 익		₩1,280,000

* 매출원가 및 기말제품재고액 산출

매출원가＝매출액×(1－매출총이익률)

＝₩20,000,000×(1－0.4)＝₩12,000,000

기말제품재고액＝기초제품재고액＋당기제품제조원가－매출원가

＝₩1,500,000＋₩11,375,000－₩12,000,000＝₩875,000

** 관리비를 x라 하면

매출총이익－판매비－관리비＝ 순이익

$$₩8,000,000-(2.5x+x)=\frac{x}{1.5}$$

∴ 관리비(x)＝₩1,920,000

판매비(2.5x)＝₩4,800,000

문10 해답

1.

(1) 단위당 직접재료비 : ₩480,000÷20,000＝₩24/단위당

원재료 kg당 원가 : ₩24/3kg＝₩8/kg

기말원재료 재고액 : 5,000kg×₩8/kg＝₩40,000

(2) 단위당 직접재료비 : ₩24

단위당 직접노무비 : ₩300,000÷20,000＝₩15

단위당 변동제조간접비 : (₩50,000＋₩90,000＋₩40,000)÷20,000＝₩9

단위당 변동제조원가 : ₩24＋₩15＋₩9＝₩48

단위당 고정제조간접비 : (₩60,000＋₩60,000)÷20,000＝₩6

단위당 제품원가 :₩48＋₩6＝₩54

∴ 기말제품 재고량 : ₩135,000÷₩54＝2,500단위

(3) 판매량 : 20,000－2,500＝17,500단위

단위당 판매가격 : ₩1,225,000÷17,500=₩70/단위

(4)		
	매 출 액	₩1,225,000
	매출원가	945,000
	매출총이익	₩280,000
	판매비와 관리비	250,000
	당기순이익	₩30,000

2. 20×8년 예상손익계산서

(1) 원가의 흐름

원재료

기초	₩40,000	사용	₩576,000[1]
	(5,000kg)		(72,000kg)*
구입	₩536,000	기말	0
	(67,000kg)		(0kg)
	₩576,000		₩576,000

재공품

기초재공품	0	당기제품	
직접재료비	₩576,000	제조원가	₩1,272,000
직접노무비	360,000[2]		
제조간접비	336,000[3]	기말재공품	0
	₩1,272,000		₩1,272,000

제 품

기초제품	₩135,000	매출원가	₩1,327,500[4]
	(2,500개)		(25,000개)
당기제품	₩1,272,000	기말제품	₩79,500[5]
제조원가	(24,000개)		(1,500개)
	₩1,407,000		₩1,407,000

* 24,000단위×3kg/단위=72,000kg

1. $₩480,000 \times \frac{24,000}{20,000} = ₩576,000$

2. $₩300,000 \times \frac{24,000}{20,000} = ₩360,000$

3. $₩180,000 \times \frac{24,000}{20,000} + ₩120,000 = ₩336,000$

4. $₩135,000 + ₩1,272,000 \times \frac{22,500}{24,000} = ₩1,327,500$

☞ 재고자산에 대한 평가는 선입선출법에 따르므로 기초제품재고액과 당기제품 제조량 중 판매분에 해당하는 원가를 매출원가로 산출한다.

5. $₩1,272,000 \times \frac{1,500}{24,000} = ₩79,500$

(2) 예상손익계산서 작성

매 출 액		₩1,750,000
매출원가		
기초제품재고액	₩135,000	
당기제품제조원가	1,272,000	
판매가능원가	₩1,407,000	
기말제품재고액	79,500	1,327,500
매출총이익		₩422,500
판매비와 관리비		
판매비	₩153,750*	
관리비	130,000	283,750
예상순이익		₩138,750

* $₩41,250 + ₩78,750 \times \frac{25,000}{17,500} = ₩153,750$

변동판매비는 매출수량에 비례한다.

문11 해답

1.

원재료

기 초	10,000	사 용	73,000
매 입	80,000	기 말	17,000
	90,000		90,000

재공품

기 초	30,000	제 품	173,000
직접재료비	73,000		
직접노무비	40,000		
제조간접비	68,000	기 말	38,000
	211,000		211,000

제 품

기 초	50,000	매출원가	183,000
재공품	173,000	기 말	40,000
	223,000		223,000

∴ 매출원가 = ₩185,000

2. 손익계산서: 기능별 비용분류

매　　출	₩500,000
매출원가	(183,000)
매출총이익	317,000
판 매 비	(89,000)
관 리 비	(150,000)
영업이익	₩78,000

3. 손익계산서: 성격별 비용분류

매　　출		₩500,000
제품과 재공품의 변동	−10,000+8,000 =	(2,000)
원재료의 사용액		(73,000)
종업원급여		(117,000)
감가상각비		(118,000)
기타비용		(112,000)
영업이익		₩78,000

문12 해답

1. 직접재료비 : ₩8,000+43,000−6,000 = ₩45,000
   직접노무비 : ₩106,000−(45,000+27,000) = ₩34,000

2.

직접재료비	50,000+500,000−60,000 =	490,000	
직접노무비		250,000	
제조간접비	100,000+70,000 =	170,000	910,000
기초재공품			70,000
기말재공품			(50,000)
기초제품			55,000
기말제품			(35,000)
매출원가			950,000

3.

직접재료비 : ₩300+0−100 = ₩200

제조간접비 : ₩50+100+200 = ₩350

당기제품제조원가 : ₩1,000+(200+300+350)−800 = ₩1,050

☞ 영업점포 및 본부사옥의 감가상각비는 판매관리비에 속한다.

4.

당기총제조원가를 X라 하면

당기제품제조원가는 X+10,000이고, 매출원가는 X+10,000+20,000이다.

∴ 원가 크기 순서 : 매출원가 〉 당기제품제조원가 〉 당기총제조원가

5.

영업수익 : 7,400,000

영업비용 : 4,400,000+1,200,000+2,000,000(기초재고)−1,3000,000(기말재고)
= 6,300,000

영업이익 : 7,400,000−6,300,000 = 1,100,000

☞ 요구사항이 영업이익이므로 매출원가와 판매관리비를 별도로 구분할 필요가 없다.

문13 해답

1. ④

직접원가와 간접원가는 원가대상에 대한 추적가능성에 의해 원가를 분류한 것이다.

2. ⑤

총고정제조원가는 ₩120,000이고 단위당 변동제조원가는 ₩500이다. 따라서 1,000단위 생산하는 경우 총제조원가는 ₩620,000(120,000+500×1,000)이고, 단위당 제조원가는 ₩620(620,000÷1,000)이다. 생산량이 증가하는 경우, 단위당 변동제조원가는 일정하나 단위당 고정제조원가는 감소하므로 단위당 총제조원가는 감소한다.

3. ③

기초원가=10,000+14,000=₩24,000

제조간접비=2,000+5,000+1,600+2,500=₩11,100

전환원가=14,000+11,100=₩25,100

제조원가=10,000+14,000+11,100=₩35,100

비제조원가=7,000+9,000+2,800+1,200=₩20,000

4. ②

수도요금은 100,000갤런까지는 고정비이고, 그 이후 10,000갤런 추가할 때까지는 기울기 ₩3의 변동비이고, 그 이후 10,000갤런 추가할 때까지는 기울기 ₩6의 변동비이다. 따라서 다음과 같다.

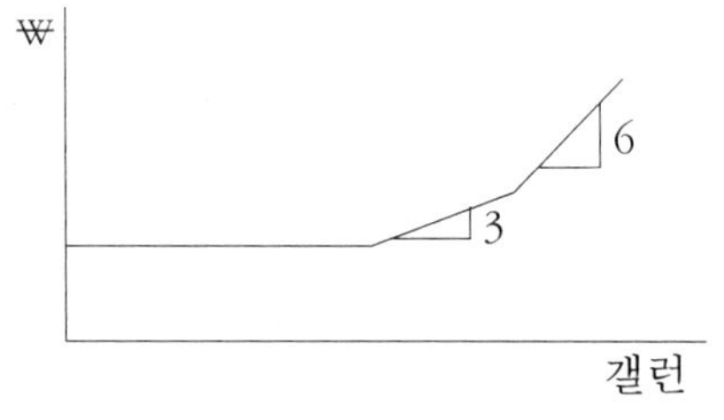

제 3 장 개별원가계산

문1 해답

〈사례1〉

재공품

기초재공품	4,000	제 품	48,000
재료비	24,000		
노무비	16,000	기말재공품	8,800
제조간접비	12,800		
	56,800		56,800

기말재공품의 구성

직접재료비	x
직접노무비	2,000
제조간접비	1,600 (₩2,000×80%)
	₩8,800

∴ 기말재공품에 포함된 직접재료비(x)=₩5,200

〈사례2〉

1.

(1) 당기제품제조원가의 구성

당기총제조원가	x
기초재공품	30,000
기말재공품	(20,000)
당기제품제조원가	350,000

∴ 당기총제조원가(x) = ₩340,000

(2) 당기총제조원가의 구성

직접재료비	y
직접노무비	100,000(₩80,000/0.8)
제조간접비	80,000
당기총제조원가	340,000

∴ 3월 직접재료비(y)=₩160,000

2. 기말재공품의 구성

직접재료비	₩7,400
직접노무비	z
제조간접비	0.8z
기말재공품	₩20,000

∴ 직접노무비 : 20,000−7,400=1.8z

z=₩7,000

∴ 제조간접비 : 7,000×0.8=₩5,600

문2 해답

(1) 예정제조간접비 배부율

원가집합	예 산	원가배부기준	예 산	배부율
기계관련	₩108,000,000	기계시간	12,000시간	₩9,000
재료구입	48,000,000	직접재료비	₩1,020,000,000	₩0.04
제조보조	68,000,000	직접노동시간	100,000시간	₩680
	₩224,000,000			

(2) 제조지시서별 제조원가

	A1	A2
직접재료비	₩3,400,000	₩7,600,000
직접노무비	4,860,000	4,800,000
제조간접비		
기계관련	405,000(45시간×₩9,000)	432,000(48시간×₩9,000)
재료구입관련	136,000(₩3,400,000×0.04)	304,000(₩7,600,000×0.04)

제조보조	275,400(405시간×₩680)	272,000(400시간×₩680)
	₩9,076,400	₩13,408,000

문3 해답

1.

(1) 원재료사용액＝35,000＋105,000－9,000＝₩131,000

간접재료비＝원재료사용액－직접재료비＝131,000－115,000＝₩16,000

(2) 간접노무비＝노무비－직접노무비＝100,000－90,000＝₩10,000

2. 제조간접비배부율＝$\frac{80,000}{1,000}$＝₩80/직접노동시간

#102 : 500×80＝₩40,000

#103 : 400×80＝₩32,000

#104 : 100×80＝ ₩8,000

3.

작업별 직접노동시간당 임률

#102	#103	#104
$\frac{35,000}{500}$＝₩70	$\frac{40,000}{400}$＝₩100	$\frac{15,000}{100}$＝₩150

#104이다. 왜냐하면 직접노동시간당 임률이 높기 때문이다.

4. 흐름파악

- #101 (기초제품 → 당기매출)
- #102 (기초재공품 → 당기매출)
- #103 (당기착수 → 기말제품재고)
- #104 (당기착수 → 기말재공품재고)

	#103(제품)	#104(재공품)
직접재료비	50,000	45,000
직접노무비	40,000	15,000
제조간접비	32,000	8,000
	122,000	68,000

5.

	#101	#102	합 계
매 출	75,000	120,000	195,000
매 출 원 가	(60,000)	(115,000)*	(175,000)
매출총이익	15,000	5,000	20,000

* 20,000+20,000+35,000+40,000 = 115,000

문4 해답

1.

(1) 원재료사용액 = 35,000 + 105,000 − 10,000 = ₩130,000
간접재료비 = 130,000 − 115,000 = ₩15,000

(2) 간접노무비 = *103,000 − 90,000 = ₩13,000

*미지급임금

현 금	100,000	기 초	12,000
기 말	15,000	노무비	103,000

2. 예정배부율 = $\frac{800,000}{10,000 \text{ 직접노동시간}}$ = ₩80/직접노동시간

	#102	#103	#104
기 초	20,000	0	0
직접재료비	20,000	50,000	45,000
직접노무비	35,000	40,000	15,000
제조간접비	500×80 = 40,000	400×80 = 32,000	100×80 = 8,000
	₩115,000	₩122,000	₩68,000

3.

배부액 = 40,000 + 32,000 + 8,000 = ₩80,000

제조간접비			
실제	76,000	배부(재공품)	80,000

∴ 과대배부액 = 80,000 − 76,000 = ₩4,000

4. (차) 제조간접비 4,000 (대) 매출원가 4,000

문5 해답

1. 20×6년 12월 31일의 원재료 재고액

기초재고액	x
당기구입액	414,000
차감: 기말재고액	18,000
원재료 사용액	₩400,000

∴ 원재료 기초재고액(x)=₩4,000

2. 20×7년 1월 31일 제품재고액

기초제품 재고액	₩84,000
당기제품제조원가	1,400,000
차감: 기말재고액	x
매출원가	₩1,300,000

∴ 기말제품 재고액(x)=₩184,000

3. 1월에 발생한 직접노무비

직접노동시간당 임률=12,000/480=₩25/시간당

∴ 1월의 직접노무비=14,000시간×₩25=₩350,000

4. 1월에 발생한 실제 제조간접비

제조간접비 배부액=₩350,000×180%=₩630,000

초과배부 제조간접비 : ₩28,000

∴ 실제제조간접비=제조간접비 배부액−초과배부 제조간접비
=630,000−28,000=₩602,000

5. 20×6년 12월 31일 미지급 임금액

1월 중 총임금발생액	₩380,000(간접노무비 ₩30,000 포함)
전년도 미지급액	x
1월 31일 미지급액	8,000
당기총임금지급액	₩390,000

∴ 20×6년 12월 31일 미지급 임금액=₩18,000

6. 20×7년 1월 31일 재공품 재고액

직접재료비	₩26,400
직접노무비	12,000
제조간접비(12,000×180%)	21,600
∴ 1월 31일 재공품 재고액	₩60,000

7. 20×6년 12월 31일 재공품 재고액(T계정 연상)

기초재공품 재고액		x
당기투입액		
직접재료비	₩400,000	
직접노무비	350,000	
제조간접비 배부액	630,000	₩1,380,000
차감: 기말 재공품 재고액		(60,000)
당기제품 제조원가		₩1,400,000

∴ 기초재공품 재고액(x)=1,400,000+60,000−1,380,000=₩80,000

문6 해답

원 재 료

월 초	30,000	재공품	180,600*
매입액	200,000	월 말	49,400
	230,000		230,000

* 재공품 T계정 참조

미지급임금

현 금	350,000	월 초	60,000
월 말	16,000	재 공 품	270,000*
		제조간접비	36,000
	366,000		366,000

* 1,500시간 × 180 = ₩270,000

제조간접비

실제발생액	333,000	배 부 액	378,000*
과대배부액	45,000		
	378,000		378,000

* ₩270,000 × 140% = ₩378,000

재 공 품

월 초	70,400①	제 품	836,000
직접재료비	180,600③	월 말	63,000②
직접노무비	270,000		
제조간접비	378,000		
	899,000		899,000

① 20,000 + 21,000 + 21,000 × 140% = ₩70,400
② 15,000 + 20,000 + 20,000 × 140% = ₩63,000
③ 899,000 − (70,400 + 270,000 + 378,000) = ₩180,600

제 품

월 초	40,000	매 출 원 가	806,000
재 공 품	836,000	월 말	70,000
	876,000		876,000

1. 월말재료재고액 : ₩49,400
2. 당월재료사용액 : ₩180,600
3. 미지급임금 월말잔액 : ₩16,000
4. 월말재공품재고액 : ₩63,000
5. 월말제품재고액 : ₩70,000
6. 제조간접비 실제발생액 : ₩333,000

해설

1. 본 문제의 경우에는 원가계산을 위한 자료와 원가계산 결과가 동시에 제시되어 있다. 이런 경우에는 T계정을 이용하여 관련된 자료를 기입한 후에 상호관계를 파악하여 요구사항에 답하는 방법으로 접근한다. 미지급임금의 기초잔액이란 전기에 미지급한 노무비를 뜻하며, 미지급임금의 기말잔액이란 당기에 미지급한 노무비를 의미한다.
2. 제조간접비를 예정배부하고 있으므로 제조간접비 배부액은 예정액으로 배부한 금액이 될 것이다. 그런데 제조간접비 과대배부액이 ₩45,000이라고 하였으므로 제조간접비 실제발생액은 ₩333,000(=378,000−45,000)이 된다.

문7 해답

1. 기말재공품재고액

① 제조간접비 예정배부율 : ₩168,000/₩280,000=직접노무비의 60%

② 기말재공품 재고

	#101	#102
직접재료비	₩22,000	₩42,000
직접노무비	11,000	39,000
제조간접비	6,600	23,400
계	₩39,600	₩104,400

2. 비례배분법을 적용할 때 배부차이를 조정하는 분개

① 배부차이의 계산

실제발생액	₩186,840
예정배부액	240,000
배부차이	₩53,160(초과배부)

② 배부차이 배분

	기준금액	배분액	
재공품	₩144,000	$₩53,160 \times \frac{₩144,000}{₩864,000} =$	₩8,860
제 품	72,000	$₩53,160 \times \frac{₩72,000}{₩864,000} =$	4,430
매출원가	648,000	$₩53,160 \times \frac{₩648,000}{₩864,000} =$	39,870
계	₩864,000		₩53,160

③ 실제원가계산으로 조정하는 분개

(차) 제조간접비	₩53,160	(대)	재공품	₩8,860
			제 품	4,430
			매출원가	39,870

3. 매출원가에서 가감조정시 영업이익 증가분 ₩53,160
비례배분법 적용시 영업이익 증가분 39,870
차이 ₩13,290

∴ 비례배분법을 적용하지 않고 매출원가에서 배부차이를 모두 조정한다면 1999년의 영업이익은 ₩13,290만큼 증가할 것이다.

문8 해답

1. 1월 31일의 원재료 재고액

기초재고액	₩15,000
당기구입액	35,000
차감: 당기사용액	(20,000)
∴ 기말재고액	₩30,000

2. 총직접노무비 : 5,500시간×6=₩33,000

3. 1월의 공장노무비 : 미지급임금계정의 종업원 임금총액=₩40,000

4. 간접비 총액 : 5,500시간×4=₩22,000

5. 1월 31일 재공품 계정잔액(T계정 연상)

기초재공품 재고액		₩1,000
당기투입액:		
직접재료비	₩20,000	
직접노무비	33,000	
제조간접비	22,000	75,000
차감: 기말재공품 재고액		(x)

당기제품제조원가　　　　　　　　　　　₩40,000

∴ 기말재공품 재고액(x) : 75,000+1,000−40,000=₩36,000

6. 1월 31일 제품재고액

기초제품 재고액	₩10,000
당기제품 제조원가	40,000
기말제품 재고액	(x)
당기매출원가	₩20,000

∴ 1월 31일 제품재고액(x) : 10,000+40,000−20,000=₩30,000

7. 제조간접비 실제발생액　　₩24,000

제조간접비 실제발생액	₩24,000
제조간접비 배부액	22,000
∴ 제조간접비 부족배부액	₩2,000

문9 해답

1. 배부율

	총 액	배부기준	배부율
직접비	20,800,000×25=520,000,000	세무사 시간 40,000*	13,000
간접비	440,000,000	세무사 시간 40,000*	11,000

* 25×1,600 = 40,000시간

2. 각 작업의 원가

	A	B
직접비	100×13,000=1,300,000	150×13,000=1,950,000
간접비	100×11,000=1,100,000	150×11,000=1,650,000
합 계	2,400,000	3,600,000

3.

		총 액	배부기준	배부율
직접비	경력	200,000,000	경력시간 8,000[*1]	25,000
	수습	320,000,000	수습시간 32,000[*2]	10,000
간접비	일반	360,000,000	전체시간 40,000	9,000
	비서	80,000,000	경력시간 8,000	10,000

[*1] 5×1,600 = 8,000시간

[*2] 20×1,600 = 32,000시간

4. 각 작업의 원가

	A	B
경력세무사	60×25,000 = 1,500,000	30×25,000 = 750,000
수습세무사	40×10,000 = 400,000	120×10,000 = 1,200,000
일반지원	100×9,000 = 900,000	150×9,000 = 1,350,000
비서지원	60×10,000 = 600,000	30×10,000 = 300,000
합계	3,400,000	3,600,000

문10 해답

1. 예산상 간접비 배부율=간접비/직접노무비
=₩140,000,000/₩100,000,000=140%

2. 청구율=청구액/직접노무비=₩300,000,000/₩100,000,000=300%
혹은 청구액=X
X=(직접노무비+간접비+0.2X)
0.8X=직접노무비+1.4×직접노무비
0.8X=2.4×직접노무비
X=3×직접노무비
∴ 청구율은 직접노무비의 300%가 된다.

3. (주)신촌에 대한 청구액

항목	계산	금액	합계
직접노무비			
파트너	5×₩200,000=	₩1,000,000	
매니저	20× 100,000=	2,000,000	
보조자	100× 50,000=	5,000,000	₩8,000,000
간접비	₩8,000,000×140%=		11,200,000
총원가			₩19,200,000

청구액=₩8,000,000×300%=₩24,000,000

문11 해답

1.

제조간접비

실제발생액	예정배부액
59,000	36,000×150% = 54,000

과소배부 5,000

2.

재공품

기초	4,000	제품	48,000
직접재료비	24,000	기말	8,800
직접노무비	16,000		
제조간접비	12,800		
	56,800		56,800

#5 직접재료비		5,200
직접노무비		2,000
제조간접비	2,000×80% =	1,600
		8,800

역산

3.

$$1{,}800 \times \frac{1{,}400 + 2{,}600}{1{,}400 + 2{,}600 + 5{,}000} = ₩800 \text{ 증가}$$

☞ 제조간접비 배부차이계정 차변잔액은 과소배부(부족배부)를 의미한다. 이를 조정하면 상대계정이 증가하는데 상대계정 중 매출원가에 적게 배분될수록 당기순이익이 더 많이 증가한다. 즉, 재공품과 제품에 많이 배분될수록 당기순이익이 더 많이 증가한다.

(차)	재 공 품	280	(대)	제조간접비(배부차이)	1,800
	제　　품	520			
	매출원가	1,000			

한편, 제조간접비 배부차이는 제조간접비 이후 계정에만 배분하는 것이므로 원재료 기말재고는 제조간접비배부차이를 배분받을 자격이 없다. 즉, 원재료 기말재고에서는 제조간접비 배부차이가 발생하지 않았기 때문이다.

4.

제조간접비

실제발생액	예정배부액	
180,000	200,000	= 1,250×160

초과배부 2,500×8=20,000

☞ 기말재공품에 차감하여 조정된 배부차이가 ₩2,500이라는 것은 전체 조정될 금액은 ₩20,000(2,500×8)이고, 초과배부 되었다(차감 조정)는 의미이다.

5.

제조간접비 예정배부율: $\frac{10{,}000{,}000}{5{,}000{,}000} = 2$

실제발생액		10,120,000
예정배부액	5,800,000×2 =	11,600,000
과대배부액		1,480,000

(1) 총원가비례법 적용시 조정후 매출원가

$$9{,}272{,}000 - 1{,}480{,}000 \times \frac{9{,}272{,}000}{6{,}344{,}000 + 8{,}784{,}000 + 9{,}272{,}000} = 8{,}709{,}600$$

(2) 원가요소비례법 적용시 조정후 매출원가

$$9{,}272{,}000 - 1{,}480{,}000 \times \frac{2{,}320{,}000}{1{,}450{,}000 + 2{,}030{,}000 + 2{,}320{,}000} = 8{,}680{,}000$$

☞ 과대배부액은 각 계정에서 차감하여 조정한다. 그리고 직접노무비를 기준으로 제조간접비를 예정배부하므로 기말재공품, 기말제품 및 매출원가에 포함된 제조간접비 예정배부액은 직접노무비 금액에 비례한다. 즉, 기말재공품, 기말제품 및 매출원가에 포함된 직접노무비의 비율은 1,450 : 2,030 : 2,320이고 제조간접비 예정배부액의 비율은 2,900 : 4,060 : 4,640이다. 따라서 이 문제에서 원가요소비례법으로 배부차이를 각 계정에 배분할 때에는 각 계정에 포함된 직접노무비를 기준으로 배분하면 된다. 물론 배부된 제조간접비를 기준으로 배분해도 결과는 동일하다.

문12 해답

1.

• 제조간접비 배부율: 6,000÷(8,000+12,000)=0.3

• 작업 #2의 원가: 4,000+3,000+5,000+(3,000+5,000)×0.3=14,400

〈참고〉

재공품

기 초	6,000	제품(작업 #1, #3)	17,600
직접재료비	8,000		
직접노무비	12,000		
제조간접비	6,000	기말(작업 #2)	14,400
	32,000		32,000

2.

• 제조간접비 예정배부율: 600,000÷20,000=30

• 제조간접비 예정배부액: 18,000×30=540,000

• 제조간접비 배부차이: 650,000−540,000=110,000(과소배부)

• 조정후 매출총이익: 400,000−110,000=290,000

3.

- 계정분석

재공품				제 품			
기 초	5,600	제품	50,000	기 초	5,000	매출원가	47,000
직접재료원가	24,000			당기제품 제조원가	50,000		
직접노무원가	16,000						
제조간접원가	9,600	기말	5,200 *			기 말	8,000
	55,200		55,200		55,000		55,000

* 기말재공품＝1,200＋(1,500÷0.6)＋1,500＝5,200

- 배부차이: 49,400(조정후 매출원가)－47,000(조정전 매출원가)＝2,400(과소배부)
- 실제발생 제조간접원가: 9,600＋2,400＝12,000

4.

- 배부차이 조정 전 재공품계정

기 초	0	제품	
기 본 원 가	750,000		
제 조 간 접 비	375,000	기말	
	1,125,000		1,125,000

- 배부차이 조정 후 기말재공품, 기말제품, 매출원가의 합계
  ₩120,000＋180,000＋1,000,000×0.8＝₩1,100,000
- 배부차이

제조간접비 예정배부액에 의한 총원가	₩1,125,000	
제조간접비 실제발생액에 의한 총원가	1,100,000	
배부차이	25,000	과대배부

☞ 매출원가율은 매출액에 대하여 매출원가가 차지하는 비율이다. 매출액이 ₩1,000이고 매출원가가 ₩600이면 매출원가율은 60%이다. 참고로 매출총이익률은 매출액에 대하여 매출총이익이 차지하는 비율이다. 따라서 이 경우 매출총이익률은 40%이다.

제4장 종합원가계산

문1 해답

〈사례1〉

생산과정의 이해

(1) 가중평균법

재공품(수량)					총완성품환산량		
					재료A	재료B	가공비
기초	150	완성품	1,100		1,100	1,100	1,100
당기투입	1,200	기말재공품	250	(0.6)	250	0	150
총투입량	1,350	총산출량	1,350		1,350	1,100	1,250

(2) 선입선출법

재공품(수량)					당기완성품환산량		
					재료A	재료B	가공비
기초재공품	150 (0.4)	기초재공완성	150		0	150	90
		당기투입완성	950		950	950	950
당기투입량	1,200	기말재공품	250	(0.6)	250	0	150
총투입량	1,350	총산출량	1,350		1,200	1,100	1,190

〈사례2〉

생산과정의 이해

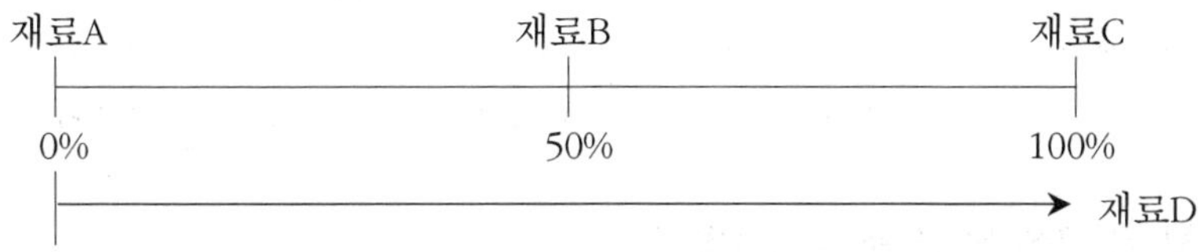

(1) 가중평균법

재공품(수량)					총완성품환산량				
					재료A	재료B	재료C	재료D	가공비
기초	20,000	완성	150,000		150,000	150,000	150,000	150,000	150,000
투입	160,000	기말	30,000	(0.6)	30,000	30,000	0	18,000	18,000
	180,000		180,000		180,000	180,000	150,000	168,000	168,000

(2) 선입선출법

재공품(수량)						당기완성품환산량				
						재료A	재료B	재료C	재료D	가공비
기초	20,000	(0.4)	기초완성	20,000		0	20,000	20,000	12,000	12,000
			투입완성	130,000		130,000	130,000	130,000	130,000	130,000
투입	160,000		기말	30,000	(0.6)	30,000	30,000	0	18,000	18,000
	180,000			180,000		160,000	180,000	150,000	160,000	160,000

문2 해답

1. 가중평균법

신촌(주) B공정	제조원가보고서	20×7년 3월

물량흐름과 완성품환산량 :

	물 량	총완성품환산량		
		전공정비	재료비	가공비
기초재공품	2,000 (0.7)			
당기투입량	15,000			

계	17,000			
당기완성	14,000	14,000	14,000	14,000
기말재공품	3,000 (0.5)	3,000	0	1,500
계	17,000	17,000	14,000	15,500

총투입원가와 완성품환산량 단위원가 :

	전공정비	재료비	가공비	총원가
기초재공품	12,500	20,000	16,150	48,650
당기투입	157,500	120,000	84,600	362,100
총투입원가	170,000	140,000	100,750	410,750
완성품환산량	÷17,000	÷14,000	÷15,500	
완성품환산량 단위원가	10	10	6.5	

완성품원가와 기말재공품원가 :

완성품	14,000×10+14,000×10+10,000×6.5 =	371,000
기말재공품	3,000×10+0×10+1,500×6.5 =	39,750
총원가		410,750

2. 선입선출법

신촌(주) B공정	제조원가보고서	20×7년 3월

물량흐름과 완성품환산량 :

	물 량	당기완성품환산량		
		전공정비	재료비	가공비
기초재공품	2,000 (0.7)			
당기투입량	15,000			
계	17,000			
기초재공완성	2,000	0	0	600
당기투입완성	12,000	12,000	12,000	12,000
기말재공품	3,000 (0.5)	3,000	0	1,500
계	17,000	15,000	12,000	14,100

당기투입원가와 완성품환산량 단위원가 :

	전공정비	재료비	가공비	총원가
기초재공품				48,650
당기투입	157,500	120,000	84,600	362,100
총투입원가				410,750

완성품환산량	÷15,000	÷12,000	÷14,100	
완성품환산량 단위원가	10.5	10	6	

완성품원가와 기말재공품원가 :

완성품	48,650+12,000×10.5+12,000×10+12,600×6=	370,250
기말재공품	3,000×10.5+ 0×10+1,500×6=	40,500
총원가		410,750

문3 해답

물량흐름과 완성품환산량 :

	물 량	총완성품환산량		
		전공정비	직접재료비	가공비
기초재공품	500 (0.4)			
당기투입량	1,350			
계	1,850			
당기완성	1,600	1,600	1,600	1,600
기말재공품	250 (0.4)	250	0	100
계	1,850	1,850	1,600	1,700

총투입원가와 완성품환산량 단위원가 :

	전공정비	직접재료비	가공비	총원가
기초재공품	3,270	0	5,200	8,470
당기투입	7,830	11,200	8,400	27,430
총투입원가	11,100	11,200	13,600	35,900
완성품환산량	÷1,850	÷1,600	÷1,700	
완성품환산량 단위원가	6	7	8	

1. ₩6
2. ₩7
3. ₩8

문4 해답

물량흐름과 완성품환산량 :

	물 량	전공정비	직접재료비	가공비
		당기완성품환산량		
기초재공품	500 (0.4)			
당기투입량	1,350			
계	1,850			
기초재공완성	500	0	500	300
당기투입완성	1,100	1,100	1,100	1,100
기말재공품	250 (0.4)	250	0	100
계	1,850	1,350	1,600	1,500

당기투입원가와 완성품환산량 단위원가 :

	전공정비	직접재료비	가공비	총원가
기초재공품				8,470
당기투입	7,830	11,200	8,400	27,430
총투입원가				35,900
완성품환산량	÷1,350	÷1,600	÷1,500	
완성품환산량 단위원가	5.8	7	5.6	

완성품원가와 기말재공품원가 :

완성품	8,470+1,100×5.8+1,600×7+1,400×5.6=	33,890
기말재공품	250×5.8+ 0×7+100×5.6=	2,010
총원가		35,900

1. ₩5.8
2. ₩7
3. ₩5.6
4. ₩2,010
5. ₩33,890

문5 해답

1. 평균법 제조원가보고서

물량흐름과 완성품환산량 :

	물 량	총완성품환산량		
		전공정비	재료비	가공비
기초재공품	12,000 (0.6)			
당기투입량	118,000			
계	130,000			
당기완성	120,000	120,000	120,000	120,000
기말재공품	10,000 (0.4)	10,000	0	4,000
계	130,000	130,000	120,000	124,000

총투입원가와 완성품환산량 단위원가 :

	전공정비	재료비	가공비	총원가
기초재공품	25,200,000	12,000,000	28,944,000	66,144,000
당기투입	247,800,000	129,600,000	469,536,000	846,936,000
총투입원가	273,000,000	141,600,000	498,480,000	913,080,000
완성품환산량	÷130,000	÷120,000	÷124,000	
완성품환산량 단위원가	2,100	1,180	4,020	

완성품원가와 기말재공품원가 :

완성품	120,000×2,100+120,000×1,180+120,000×4,020 =	876,000,000
기말재공품	10,000×2,100+0×1,180+4,000×4,020 =	37,080,000
총원가		913,080,000

2. 선입선출법 제조원가보고서

물량흐름과 완성품환산량 :

	물 량	당기완성품환산량		
		전공정비	직접재료비	가공비
기초재공품	12,000 (0.6)			
당기투입량	118,000			
계	130,000			

기초재공완성	12,000	0	0	4,800
당기투입완성	108,000	108,000	108,000	108,000
기말재공품	10,000 (0.4)	10,000	0	4,000
계	1,850	118,000	108,000	116,800

당기투입원가와 완성품환산량 단위원가 :

	전공정비	직접재료비	가공비	총원가
기초재공품				66,144,000
당기투입	247,800,000	129,600,000	469,536,000	846,936,000
총투입원가				913,080,000
완성품환산량	÷118,000	÷108,000	÷116,800	
완성품환산량 단위원가	2,100	1,200	4,020	

완성품원가와 기말재공품원가 :

완성품	66,144,000+108,000×2,100+108,000×1,200+112,800×4,020 =	876,000,000
기말재공품	10,000×2,100+4,000×4,020 =	37,080,000
총원가		913,080,000

3.

전월 원재료 단위당원가: ₩12,000,000/12,000=₩1,000

당월 원재료 단위당원가: ₩129,600,000/108,000=₩1,200

당월투입 원재료비 증가(전월대비)

108,000개×(1,200−1,000)=₩21,600,000

4.

(1) 평균법의 주장근거

· 이해하기 쉽고 실무상 적용이 용이

· 실무상 많은 기업들이 평균법으로 적용하고 있다(비교가능성제고).

(2) 선입선출법의 주장근거

· 수익비용대응면에서 이론적으로 타당하다.

· 당기의 업적이 당기발생원가와만 관련하여 측정되므로 관리측면에서 우월하다.

· 실제의 물량흐름에 접근한다.

· 표준종합원가계산의 적용이 쉽다.

(3) 원재료비의 증가를 잘 나타낼 수 있는 방법 : 선입선출법

문6 해답

1. 평균법 제조원가보고서

물량흐름과 완성품환산량 :

	물 량	총완성품환산량 재료비	총완성품환산량 가공비
기초재공품	200,000 (0.8)		
당기투입량	1,000,000		
계	1,200,000		
당기완성	900,000	900,000	900,000
기말재공품	300,000 (0.5)	300,000	150,000
계	1,200,000	1,200,000	1,050,000

총투입원가와 완성품환산량 단위원가 :

	재료비	가공비	합계
기초재공품	200,000	504,000	704,000
당기투입	1,300,000	3,192,000	4,492,000
총투입원가	1,500,000	3,696,000	5,196,000
완성품환산량	÷1,200,000	÷1,050,000	
완성품환산량 단위원가	1.25	3.52	

완성품원가와 기말재공품원가 :

완성품	900,000×1.25+900,000×3.52 =	4,293,000
기말재공품	300,000×1.25+150,000×3.52 =	903,000
총원가		5,196,000

2. 기말제품 재고액 산출

	단위	금액
기초재고액	0	0
당기제조원가	900,000	₩4,293,000
판매가능제품원가	900,000	₩4,293,000(@₩4.77)
판매수량	700,000	₩3,339,000(@₩4.77)
기말제품재고액	200,000	₩954,000(@₩4.77)

3.

(1) 차이분석

	현재	수정	조정
재공품	₩660,960	₩903,000	+₩242,040
제품재고액	1,009,800	954,000	− 55,800
매출원가	3,525,240	3,339,000	− 186,240

(2) 수정분개

(차) 재공품	₩242,040	(대) 제품	₩55,800
		매출원가	186,240

문7 해답

1. 제조원가명세서

(1) 직접재료비

원재료

기초	1,400,000	직접재료비	6,720,000
매입	5,800,000	기말	480,000
	7,200,000		7,200,000

(2) 당기총제조원가

직접재료비			₩6,720,000
직접노무비	(240,000+7,160,000−100,000)×0.8 =		5,840,000
제조간접비			
전기수도료	(1,080,000−240,000+360,000)×0.9 =	1,080,000	
감가상각비		400,000	1,480,000
당기총제조원가			₩14,040,000

(3) 기말재공품 원가

제조원가보고서(선입선출법)

	완성품환산량	
물량흐름	직접재료비	가공비

기초재공품	500(0.6, 0.4)		
당기착수	1,000		
계	1,500		
기초완성	500	200	300
당기착수완성	600	600	600
기말재공품	400(0.4, 0.8)	160	320
계	1,500	960	1,220

총원가의 요약		
기초재공품원가	?	?
당기발생원가	6,720,000	₩7,320,000

완성품환산량 단위원가		
완성품환산량	÷960kg	÷1,220kg
완성품환산량 단위원가	@7,000	@6,000

완성품원가	1,100,000+800×@7,000+900×@6,000=	₩12,100,000
기말재공품원가	160×@7,000+320×@6,000=	₩3,040,000

(4) 당기제품제조원가

재 공 품

기초	1,100,000	당기제품	12,100,000
직접재료비	6,720,000	제조원가	
직접노무비	5,840,000		
제조간접비	1,480,000	기 말	3,040,000
	15,140,000		15,140,000

2. 손익계산서

Ⅰ. 매출액	1,000kg×₩20,000=	₩20,000,000
Ⅱ. 매출원가		
1. 기초제품재고액	₩800,000	
2. 당기제품제조원가	12,100,000	
3. 기말제품재고액	(2,200,000)[*1]	10,700,000
Ⅲ. 매출총이익		₩9,300,000

Ⅳ. 판매관리비

1. 급료	₩1,460,000[*2]	
2. 소모품비	1,740,000[*3]	
3. 전기수도료	120,000[*4]	
4. 감가상각비	100,000	3,420,000
Ⅴ. 당기순이익		₩5,880,000

[*1] (₩12,100,000÷1,100)×200=₩2,200,000

[*2] (₩240,000+₩7,160,000−₩100,000)×0.2=₩1,460,000

[*3] ₩360,000+₩1,500,000−₩120,000=₩1,740,000

[*4] (₩1,080,000−₩240,000+₩360,000)×0.1=₩120,000

문8 해답

❑ 6월 자료정리

재공품					재료X	재료Y	가공원가
기 초	2,500	기초완성	2,500		0	2,500	1,500
		착수완성	2,500		2,500	2,500	2,500
		기 말	1,000	(0.9)	1,000	1,000	900
			500	(0.4)	500	0	200
착 수	4,500		500	(0.2)	500	0	100
	7,000		7,000		4,500	6,000	5,200
					@12	@8	@250

1. 기초재공품의 가공원가 완성도: 2,500×(1−P)=1,500

   ∴ P=40%

2.

   (1) 완성품환산량 단위당 원가

   재료X=₩12　　재료Y=₩8　　가공원가=₩250

   (2) 완성품원가

   58,000+2,500×12+5,000×8+4,000×250=1,128,000

❑ 7월 자료정리

재공품				재료X	재료Y	가공원가
기초재공	1,000(0.9)	기초완성	1,000	0	0	100
	500(0.4)		500	0	500	300
	500(0.2)		500	0	500	400
		투입완성	3,500	3,500	3,500	3,500
당기투입	5,000	기말재공	1,500 (0.6)	1,500	1,500	900
	7,000		7,000	5,000	6,000	5,200
				@13	@8.5	@275

3. 기말재공품의 가공원가 완성도: 900÷1,500=60%

4.

(1) 완성품환산량 단위당 원가

재료X=₩13　　재료Y=₩8.5　　가공원가=₩275

(2) 완성품원가

332,000+3,500×13+4,500×8.5+4,300×275=1,598,250

문9 해답

1.

재공품				재료비	가공비
기초	500 (1, 0.4)	기초완성	500 (0, 0.6)	0	300
		착수완성	5,200 (1, 1)	5,200	5,200
착수	5,400	기말	200 (1, 0.8)	200	160
	5,900		5,900	5,400	5,660

∴ 재료비 완성품환산량 : 5,400개
가공비 완성품환산량 : 5,660개

2.

재공품				재료비
기초	1,000 (0.6[*1])	기초완성	1,000 (0.4)	400
		착수완성	3,000	3,000
착수		기말	2,000 (0.5[*2])	1,000
			6,000	4,400

[*1] $0.5+0.5\times(0.1/0.5) = 0.6$

[*2] $0.5+0.5\times(0/0.5) = 0.5$

3.

재공품				가공비
기초	75,000	완성	250,000	250,000
착수	225,000	기말	50,000 (0.7)	35,000
	300,000		3000,000	285,000

완성품환산량 단가 : $(14,000+100,000)\div285,000 = 0.4$

기말재공품에 배분될 가공비 : $35,000\times0.4$ = ₩14,000

4.

재공품				가공비
기초	9,200 (0.6)	완성	27,200	27,200
착수	20,000	기말	2,000 (0.4)	800
	29,200		29,200	28,000
				@2.94

∴ 기말재공품에 포함되는 가공비 : 800×2.94 = ₩2,352

5.

재공품				재료A	재료B	가공비
기초	5,000 (0.6)	기초완성	5,000	0	0	2,000
		착수완성	75,000	75,000	75,000	75,000
착수		기말	10,000 (0.3)	10,000	0	3,000
			90,000	85,000	75,000	80,000
				@40	@60	@20

∴ 기말재공품원가 : 10,000×40+3,000×20 = ₩460,000

문10 해답

1.

- 기말재공품의 물량: 5,000−3,500=1,500
- 기말재공품의 가공원가 완성품환산량: 4,400−3,500=900
- 기말재공품의 가공원가 완성도: 900÷1,500=60%

  ☞ 직접재료가 공정 초에 전량 투입되므로 가중평균법에 의한 직접재료원가의 완성품환산량(5,000단위)과 총 산출물량(5,000단위)은 같다.

2.

재공품						재료원가
기초	1,000	(0.6[*1])	기초완성	1,000	(0.4)	400
			착수완성	3,000		3,000
착수			기 말	2,000	(0.5[*2])	1,000
				6,000		4,400

[*1] 0.5+0.5×(0.1/0.5)=0.6

[*2] 0.5+0.5×(0/0.5)=0.5

3.

물량흐름					완성품환산량
월 초	1,000	월초완성	1,000		310
		착수완성	4,200		4,200
착 수	4,500	월 말	300	(0.3)	90
	5,500		5,500		4,600

1,000×(1−P)=310

∴ P=69%

4.

평균법과 선입선출법의 완성품환산량 차이는 기초재공품 환산량이므로

- 재료원가
  기초재공품 환산량: 78,000－66,000 = 12,000
  원재료는 공정초기에 투입되므로 기초재공품 수량은 12,000
- 가공원가
  기초재공품 환산량: 54,400－52,000 = 2,400
  기초재공품의 완성도는 2,400÷12,000 = 20%

제 5 장 공손회계

문1 해답

1.

재공품(수량)

기 초	1,000	(0.4)	기 초 완 성	1,000	
			당기착수완성	7,000	
			공 손	2,000	(?)
당 기 착 수	11,000		기 말	2,000	(0.6)
총 투 입 량	12,000		총 산 출 량	12,000	

2. ① 20%

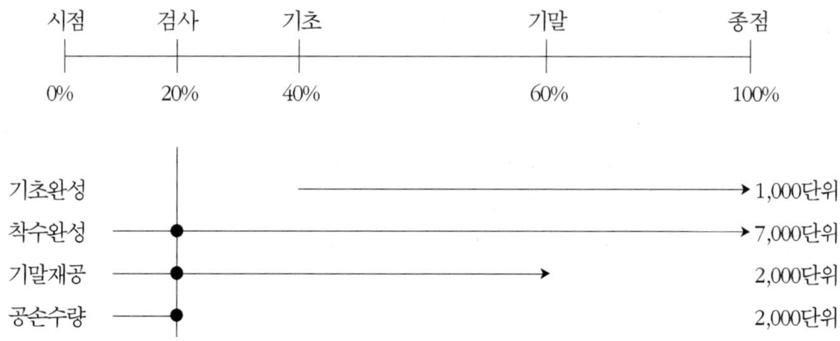

정상공손 수량 (7,000+2,000)×10%=900단위

② 50%

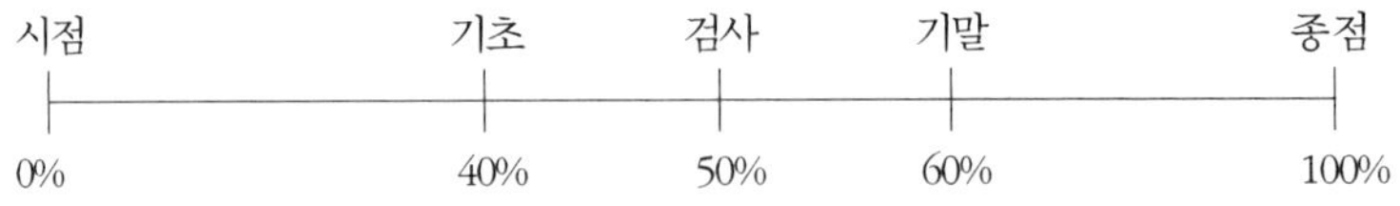

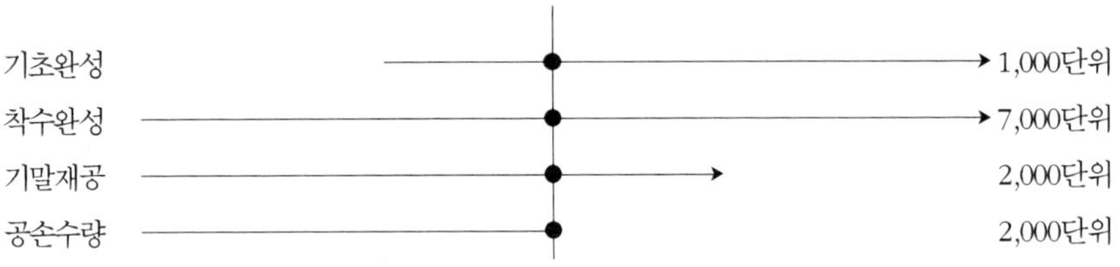

정상공손 수량 (1,000+7,000+2,000)×10%=1,000단위

③ 80%

정상공손 수량 (1,000+7,000)×10%=800단위

3.

① 정상공손수량 (7,000+2,000+2,000) × 10% = 1,100단위

② 정상공손수량 (1,000+7,000+2,000+2,000) × 10% = 1,200단위

③ 정상공손수량 (1,000+7,000+2,000) × 10% = 1,000단위

4.

정상공손은 정상품을 생산하기 위하여 불가피하게 희생된 것을 의미하므로 검사시점을 통과한 정상품을 기준으로 정상공손수량을 결정하는 것이 합리적이다. 만약 검사받은 총수량을 기준으로 정상공손수량을 결정한다면 검사받은 총수량 속에 포함된 공손수량(정상공손+비정상공손)이 정상공손수량을 결정하는데 영

향을 미치는 모순이 발생한다. 즉, 검사받은 총수량을 기준으로 정상공손수량을 결정하는 경우에는 정상품이 전혀 없고 공손수량만 있는 경우에도 정상공손이 인정되는 모순이 발생한다.

해설

1. 검사시점 통과기준에서는 당기에 검사시점(그림에서 만나는 점)을 통과한 수량의 10%를 정상공손수량으로 허용한다.
2. 검사시점 도달기준에서는 당기에 검사시점(그림에서 만나는 점)에 도달한 수량의 10%를 정상공손수량으로 허용한다. 즉, 공손품도 포함한다.

문2 해답

물량흐름과 완성품환산량 :

	물 량	당기완성품환산량		
		전공정비	재료비	가공비
기초재공품	10,000 (0.75)			
당기투입량	40,000			
계	50,000			
기초재공완성	10,000	0	0	2,500
당기투입완성	25,000	25,000	25,000	25,000
비정상공손	5,000	5,000	5,000	0
기말재공품	10,000 (0.5)	10,000	10,000	5,000
계	50,000	40,000	40,000	32,500

당기투입원가와 완성품환산량 단위원가 :

	전공정비	재료비	가공비	총원가
기초재공품				140,500
당기투입	140,000	70,000	292,500	502,500
총투입원가				643,000
완성품환산량	÷40,000	÷40,000	÷32,500	
완성품환산량 단위원가	3.5	1.75	9	

원가배분 :

비정상공손손실	5,000×3.5+5,000×1.75+0×9 =	26,250
완성품	140,500+25,000×3.5+25,000×1.75+27,500×9 =	519,250
기말재공품	10,000×3.5+10,000×1.75+5,000×9 =	97,500
총원가		643,000

1. 공손원가 : ₩26,250
2. 완성품원가 : ₩519,250
3. 월말재공품원가: ₩97,500

문3 해답

〈자료정리〉

(1) 생산과정의 이해

(2) 물량흐름

물량흐름

기초재공품	2,500(0.4)	완 성 품	4,000
당월투입	3,520	정상공손	100*(0.75)
		비정상공손	20 (0.75)
		기말재공품	900 (0.10)
			1,000 (0.80)
	6,020		6,020

* 정상공손수량 = (4,000+1,000)×0.02 = 100단위

(3) 완성품환산량

	물량흐름		완성품환산량		
			원재료A	원재료B	가공비
기초재공품	2,500	(0.4)			
당기투입량	3,520				
계	6,020				
기초완성	2,500		0	2,500	1,500
당기투입완성	1,500		1,500	1,500	1,500
정상공손	100	(0.75)	100	–	75
비정상공손	20	(0.75)	20	–	15
기말재공품	900	(0.10)	–	–	90
기말재공품	1,000	(0.80)	1,000	1,000	800
계	6,020		2,620	5,000	3,980

(4) 완성품환산량 단위원가

	원재료A	원재료B	가공비
당월투입원가	₩524,000	₩415,000	₩1,194,000
완성품환산량 단위원가	₩200	₩83	₩300

1. 비정상공손원가 = ₩200 × 20 + ₩300 × 15 = ₩8,500

2.

(1) 정상공손원가 = ₩200 × 100 + ₩300 × 75 = ₩42,500

정상원가의 배분

- 완성품 = ₩42,500 × $\frac{4,000}{4,000+1,000}$ = ₩34,000
- 기말재공품 = ₩42,500 × $\frac{1,000}{4,000+1,000}$ = ₩8,500

(2) 완성품

₩677,000 + 1,500 × ₩200 + 4,000 × ₩83 + 3,000 × ₩300 + ₩34,000
= ₩2,243,000

3. 기말재공품

1,000×₩200+1,000×₩83+890×₩300+₩8,500 = ₩558,500

4. 평균법의 완성품환산량

원재료A = 4,000+100+20+1,000 = 5,120

원재료B = 4,000+1,000 = 5,000

가 공 비 = 4,000+75+15+90+800 = 4,980

해설

1. 정상공손수량

기초재공품이 검사시점을 통과하지 않았으므로 완성품은 모두 당기에 검사시점을 통과하였고, 기말재공품 중에서는 1,000단위만 검사시점을 통과하였다. 따라서 [4,000(완성품)+1,000(기말재공품)]×0.02=100단위이다.

2. 기초재공품이 있을때 평균법으로 산정한 완성품환산량이 선입선출법으로 산정한 완성품환산량보다 크다. 왜냐하면 평균법에서는 기초재공품도 당기에 작업한 것으로 가정하여 완성품환산량을 산정하기 때문이다.

선입선출법으로 산정한 완성품환산량에 기초재공품의 전기 작업분을 가산하면 평균법으로 산정한 완성품환산량이 된다.

원재료 A = 2,620+2,500 = 5,120

원재료 B = 5,000+　0 = 5,000

가 공 비 = 3,980+1,000 = 4,980

문4 해답

❑ 6월 자료정리

재공품				재료X	재료Y	가공원가
기 초	2,500	기초완성	2,500	0	2,500	1,500
		착수완성	2,500	2,500	2,500	2,500
		기말	1,000(0.9)	1,000	1,000	900
			500(0.4)	500	0	200
착 수	4,500		500(0.2)	500	0	100
	7,000		7,000	4,500	6,000	5,200
				@12	@8	@250

1. 기초재공품의 가공원가 완성도

$2{,}500 \times (1-P) = 1{,}500$

$\therefore\ P = 40\%$

2.

(1) 완성품환산량 단위당 원가

재료X = ₩12　　재료Y = ₩8　　가공원가 = ₩250

(2) 완성품원가

$58{,}000 + 2{,}500 \times 12 + 5{,}000 \times 8 + 4{,}000 \times 250 = 1{,}128{,}000$

❑ 7월 자료정리

재공품					재료X	재료Y	가공원가
기 초	1,000(0.9)	기초완성	1,000		0	0	100
	500(0.4)		500		0	500	300
	500(0.2)		500		0	500	400
		착수완성	3,500		3,500	3,500	3,500
착 수	5,000	기말	1,500	(0.6)	1,500	1,500	900
	7,000		7,000		5,000	6,000	5,200
					@13	@8.5	@275

3. 기말재공품의 가공원가 완성도

$900 \div 1{,}500 = 60\%$

4.

(1) 완성품환산량 단위당 원가

재료X = ₩13　　재료Y = ₩8.5　　가공원가 = ₩275

(2) 완성품원가

$332{,}000 + 3{,}500 \times 13 + 4{,}500 \times 8.5 + 4{,}300 \times 275 = 1{,}598{,}250$

문5 해답

물량흐름과 완성품환산량 :

	물 량	당기완성품환산량	
		재료비	가공비
기초재공품	2,000 (0.6)		
당기투입량	25,000		
계	27,000		
기초재공완성	2,000	0	800
당기투입완성	18,000	18,000	18,000
정상공손*	1,800 (0.5)	1,800	900
비정상공손	1,200 (0.5)	1,200	600
기말재공품	4,000 (0.4)	4,000	1,600
계	27,000	25,000	21,900

*정상공손수량 = 18,000×0.1 = 1,800

당기투입원가와 완성품환산량 단위원가 :

	재료비	가공비	합계
기초재공품			60,000
당기투입	150,000	219,000	369,000
총투입원가			429,000
완성품환산량	÷25,000	÷21,900	
완성품환산량 단위원가	6	10	

원가배분 :

비정상공손손실	1,200×6+600×10 =	13,200
완성품	60,000+18,000×6+18,800×10+19,800** =	375,800
기말재공품	4,000×6+1,600×10 =	40,000
총원가		429,000

** 정상공손원가 : 1,800×6+900×10 = 19,800
기말재공품이 검사시점을 통과하지 못하였으므로 정상공손원가는 전액 완성품에 배분한다.

1. 정상공손수량 : 1,800개

2. 비정상공손손실 : ₩13,200
3. 완성품원가 : ₩375,800
4. 기말재공품원가 : ₩40,000

문6 해답

물량흐름과 완성품환산량 :

	물 량	당기완성품환산량		
		전공정비	재료비	가공비
기초재공품	12,000 (0.9)			
당기투입량	36,000			
계	48,000			
기초재공완성	12,000	0	12,000	1,200
당기투입완성	22,000	22,000	22,000	22,000
정상공손	1,600 (0.7)	1,600	0	1,120
비정상공손	2,400 (0.7)	2,400	0	1,680
기말재공품	10,000 (0.75)	10,000	0	7,500
계	50,000	36,000	34,000	33,500

당기투입원가와 완성품환산량 단위원가 :

	전공정비	재료비	가공비	총원가
기초재공품				1,749,560
당기투입	2,273,400	864,960	2,293,410	5,431,770
총투입원가				7,181,330
완성품환산량	÷36,000	÷34,000	÷33,500	
완성품환산량 단위원가	63.15	25.44	68.46	

원가배분 :

비정상공손손실	2,400×63.15+0×25.44+1,680×68.46 =	266,572.8
완성품	1,749,560+22,000×63.15+34,000×25.44 +23,200×68.46+177,715.2* =	5,769,807.2
기말재공품	10,000×63.15+0×25.44+7,500×68.46 =	1,144,950.0
총원가		7,181,330.0

* 정상공손원가 1,600×63.15+0×25.44+1,120×68.46 = 177,715.2
기말재공품이 검사시점을 통과하였으나 문제에서 정상공손원가를 완성품에만 배분하라는 가정이 있으므로 완성품에만 배분한다.

1.

(1) 정상공손수량 (22,000+10,000)×5% = 1,600단위
비정상공손수량 4,000−1,600 = 2,400단위

	전공정비	재료비	가공비
(2) 완성품환산량	36,000	34,000	33,500
(3) 완성품환산량 단위원가	63.15	25.44	68.46

(4) 비정상공손원가 ₩266,572.8

(5) 완성품원가 ₩5,769,807.2

(6) 기말재공품원가 ₩1,144,950

2. 분개

(차) 재공품(도색)	2,273,400	(대) 재공품(조립)	₩2,273,400
(차) 재공품(도색)	3,158,370	(대) 재　료	864,960
		가공비	2,293,410
(차) 제　품	5,769,807.2	(대) 재공품(도색)	₩6,036,380
공손손실	266,572.8		

문7 해답

1. 평균법

물량흐름과 완성품환산량 :

	물　량	총완성품환산량		
		전공정비	재료비	가공비
기초재공품	800(3/4)			
당기투입량	2,800			
계	3,600			

완성품	2,500	2,500	2,500	2,500
정상공손	300(0.5)	300	0	150
비정상공손	200(0.5)	200	0	100
기말재공품	600(2/3)	600	600	400
계	3,600	3,600	3,100	3,150

총투입원가와 완성품환산량 단위당원가 :

	전공정비	재료비	가공비	정상공손	합계
기초재공품	800	2,400	1,740	517	5,457
당기투입	3,520	11,550	7,710		22,780
총투입원가	4,320	13,950	9,450	517	28,237
완성품환산량	÷3,600	÷3,100	÷3,150		
완성품환산량 단위원가	1.2	4.5	3.0		

원가배분 :

비정상공손손실	200×1.2+0×4.5+100×3.0 =	540.00
완성품	2,500×1.2+2,500×4.5+2,500×3.0+1,070.16* =	22,820.16
기말재공품	600×1.2+600×4.5+400×3.0+256.84* =	4,876.84
총원가		28,237.00

* 정상공손원가 300×1.2+0×4.5+150×3.0+517 = 1,327

정상공손원가 배분

$$\text{완성품} = 1{,}327 \times \frac{2{,}500}{2{,}500+600} = 1{,}070.16$$

$$\text{기말재공품} = 1{,}327 \times \frac{600}{2{,}500+600} = 256.84$$

2. 선입선출법

물량흐름과 완성품환산량 :

	물 량	당기완성품환산량		
		전공정비	재료비	가공비
기초재공품	800(3/4)			
당기투입량	2,800			
계	3,600			
기초재공완성	800	0	0	200

당기투입완성	1,700	1,700	1,700	1,700
정상공손	300(0.5)	300	0	150
비정상공손	200(0.5)	200	0	100
기말재공품	600(2/3)	600	600	400
계	3,600	2,800	2,300	2,550

당기투입원가와 완성품환산량 단위당원가 :

	전공정비	재료비	가공비	정상공손	합계
기초재공품					5,457
당기투입	3,520	11,550	7,710		22,780
총투입원가					28,237
완성품환산량	÷2,800	÷2,300	÷2,550		
완성품환산량 단위원가	1.26	5.02	3.02		

원가배분 :

비정상공손손실	200×1.26+0×5.02+100×3.02 =	544
완성품	5,457+1,700×1.26+1,700×5.02+1,900×3.02+614* =	22,485
기말재공품	600×1.26+600×5.02+400×3.02+217* =	5,193
총원가		28,222

* 정상공손원가 300×1.26+0×5.02+150×3.02 = 831

정상공손원가 배분

$$완성품 = 831 \times \frac{1,700}{1,700+600} = 614$$

$$기말재공품 = 831 \times \frac{600}{1,700+600} = 217$$

해설

1. 평균법에서는 기초재공품에 포함된 정상공손원가도 마치 당월에 발생한 정상공손원가처럼 처리한다. 즉, 기초재공품에 포함된 정상공손원가와 당기에 발생한 정상공손원가를 합한 금액을 완성품과 기말재공품(양품)에 배분한다. 한편, 정상공손원가를 원가요소별로 분류해 놓았다 하더라도 풀이방법은 변동되지 않는다. 정상공손원가는 더 이상 전공정비, 재료비 및 가공비가 아니고 글자 그대로 정상공손원가 그 자체이기 때문이다.
2. 선입선출법에서는 기초재공품(정상공손원가 포함)이 모두 완성품원가를 구성하므로 당기에 발생한 정상공손원가만 당기에 검사시점을 통과한 완성품과 기말재공품에 배분한다.
3. 이 문제에서 선입선출법의 총투입원가와 총산출원가가 일치하지 않는 이유는 단수차이(반올림) 때문이다.

문8 해답

1.

	물량흐름	전공정비	A재료비	B재료비	가공비
기초재공품	2,000 (0.7)				
당기투입량	10,800				
계	12,800				
기초완성	2,000	0	0	2,000	600
당기투입완성	8,000	8,000	8,000	8,000	8,000
정상공손	920 (0.5)	920	920	0	460
비정상공손	680 (0.5)	680	680	0	340
기말재공품	1,200 (0.9)	1,200	1,200	0	1,080
계	12,800	10,800	10,800	10,000	10,480

(당기완성품환산량: 전공정비, A재료비, B재료비, 가공비)

	전공정비	A	B	가공비
기초재공품원가	16,600	7,280	0	17,160
당기투입원가	124,200	32,400	75,000	172,920
	140,800	39,680	75,000	190,080
	÷10,800	÷10,800	÷10,000	÷10,480
완성품환산량 단위원가	11.5	3	7.5	16.5

☞ 선입선출법이므로 당기분(음영)만 고려한다.

(1) 정상공손수량 = (8,000+1,200)×10% = 920단위

☞ 기초재공품은 전기에 검사를 받았으므로 포함하지 않는다.

(2) 완성품환산량 단위당 원가

전공정비	A	B	가공비
₩11.5	₩3	₩7.5	₩16.5

(3) ① 정상공손원가 = 920×11.5+920×3+460×16.5 = 20,930

정상공손원가의 배분

$$
\begin{cases}
\text{완성품} = 20{,}930\times\dfrac{8{,}000}{8{,}000+1{,}200} = 18{,}200 \\
\text{기말재공품} = 20{,}930\times\dfrac{1{,}200}{8{,}000+1{,}200} = 2{,}730
\end{cases}
$$

② 비정상공손원가 = 680×11.5+680×3+340×16.5 = 15,470

③ 완성품원가 = 18,200+41,940+8,000×11.5+8,000×3
+10,000×7.5+8,600×16.5 = 393,040

④ 기말재공품원가 = 2,730+1,200×11.5+1,200×3+1,080×16.5 = 37,950

2.

	물량흐름		총완성품환산량			
			전공정비	A재료비	B재료비	가공비
기초재공품	2,000	(0.7)				
당기투입량	10,800					
계	12,800					
완 성 품	10,000		10,000	10,000	10,000	10,000
정상공손	920	(0.5)	920	920	0	460
비정상공손	680	(0.5)	680	680	0	340
기말재공품	1,200	(0.9)	1,200	1,200	0	1,080
계	12,800		12,800	12,800	10,000	11,880
기초재공품원가			16,600	7,280	0	17,160
당기투입원가			124,200	32,400	75,000	172,920
계			140,800	39,680	75,000	190,080
			÷12,800	÷12,800	÷10,000	÷11,880
완성품환산량 단위원가			11	3.1	7.5	16

(1) 정상공손수량 = (8,000+1,200)×10% = 920단위

(2) 정상공손원가 = 900+920×11+920×3.1+460×16 = 21,232

정상공손원가의 배분

$$\begin{cases} \text{완 성 품} = 21,232 \times \dfrac{10,000}{10,000+1,200} = 18,957 \\ \text{기말재공품} = 21,232 \times \dfrac{1,200}{10,000+1,200} = 2,275 \end{cases}$$

(3) 완성품원가 = 18,957 + 10,000 × (11 + 3.1 + 7.5 + 16) = 394,957

해설

기초재공품이 전기에 검사시점을 통과하였으므로 전기에 발생한 정상공손원가 중에 기초재공품에 배분된 금액(₩900)이 있다. 동 금액은 원가흐름의 가정에 따라 처리하는 방법이 다르다.

1. 선입선출법
   기초재공품이 먼저 완성된 것으로 가정하므로 전기에 발생한 정상공손원가 중에 기초재공품에 배분된 금액은 당기 완성품원가에 전액 포함된다.
2. 평균법
   기초재공품도 당기에 작업된 것으로 가정하므로 기초재공품에 포함된 전기 정상공손원가와 당기에 발생한 정상공손원가를 합하여 완성품과 검사시점을 통과한 기말재공품에 배분한다.

문9 해답

생산과정의 이해

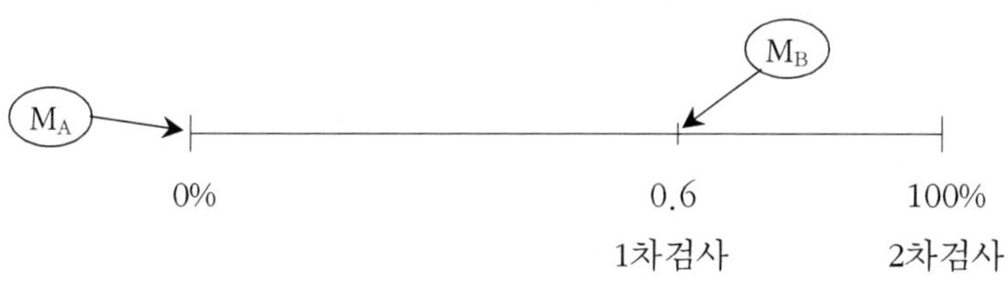

물량흐름과 완성품환산량 :

	물 량	총완성품환산량		
		재료A	재료B	가공비
기초재공품	3,000(0.5)			
당기투입량	25,000			
계	28,000			

완성품	22,000	22,000	22,000	22,000
1차정상공손[*1]	1,300(0.6)	1,300	0	780
1차비정상공손[*2]	700(0.6)	700	0	420
2차정상공손[*3]	1,100(1.0)	1,100	1,100	1,100
2차비정상공손[*4]	400(1.0)	400	400	400
기말재공품	2,500(0.8)	2,500	2,500	2,000
계	28,000	28,000	26,000	26,700

총투입원가와 완성품환산량 단위원가 :

	재료A	재료B	가공비	합계
기초재공품	50,000	0	20,400	70,400
당기투입	510,000	390,000	300,000	1,200,000
총투입원가	560,000	390,000	320,400	1,270,400
완성품환산량	÷28,000	÷26,000	÷26,700	
완성품환산량 단위원가	20	15	12	

원가배분 : [*5]

완성품	1,034,000+29,920+(51,700+1,496) =	1,117,116
비정상공손손실	19,040+(18,800+544) =	38,384
기말재공품	111,500+3,400 =	114,900
총원가		1,270,400

[*1] 1차정상공손수량 : (3,000+19,000+1,100+400+2,500)×5% = 1,300

[*2] 1차비정상공손수량 : 2,000−1,300 = 700

[*3] 2차정상공손수량 : 22,000×5% = 1,100

[*4] 2차비정상공손수량 : 28,000−22,000−2,000−2,500−1,100 = 400

[*5] (1) 정상공손원가 배분전 원가(손실)

완성품	22,000×(20+15+12) =	1,034,000
1차정상공손	1,300×20+780×12 =	35,360
1차비정상공손	700×20+420×12 =	19,040
2차정상공손	1,100×(20+15+12) =	51,700
2차비정상공손	400×(20+15+12) =	18,800
기말재공품	2,500×20+2,500×15+2,000×12 =	111,500
		1,270,400

(2) 1차정상공손원가의 배분

완성품	$35,360 \times \dfrac{22,000}{22,000+1,100+400+2,500}$	=	29,920
2차정상공손	$35,360 \times \dfrac{1,100}{22,000+1,100+400+2,500}$	=	1,496
2차비정상공손	$35,360 \times \dfrac{400}{22,000+1,100+400+2,500}$	=	544
기말재공품	$35,360 \times \dfrac{2,500}{22,000+1,100+400+2,500}$	=	3,400

(3) 정상공손원가 배분후 원가(손실)

완성품	1,034,000+29,920+(51,700+1,496) =	1,117,116
비정상공손	19,040+(18,800+544) =	38,384
기말재공품	111,500+3,400 =	114,900
		1,270,400

해설

1. 원가흐름의 가정에 관계없이 정상공손수량은 실제물량흐름(선입선출법)에 따라 산정한다. 따라서 원가흐름의 가정으로 평균법을 적용하는 경우에도 정상공손수량은 실제물량흐름에 따라 당기에 검사시점을 통과한 수량을 기준으로 산정한다.
2. 2차정상공손이나 2차비정상공손도 1차정상공손원가를 배분받을 자격이 있다. 왜냐하면 이들도 1차검사시점을 통과할 때는 양품(합격품)이었기 때문이다.
3. 이 문제에서 2차검사시점이 공정의 종점(100%)이므로 2차정상공손원가는 모두 완성품에 배분된다.

문10 해답

1. 공정X

물량흐름과 완성품환산량 :

	물 량	당기완성품환산량	
		원재료A	가공비
기초재공품	24,000(0.75)		
당기투입량	150,000		

계	174,000		
기초재공완성	24,000	0	6,000
당기투입완성	115,500	115,500	115,500
정상공손[*1]	15,000(0.5)	15,000	7,500
비정상공손	4,500(0.5)	4,500	2,250
기말재공품	15,000(1/3)	15,000	5,000
계	174,000	150,000	136,250

[*1] 정상공손수량 = 150,000×0.1 = 15,000

당기투입원가와 완성품환산량 단위원가 :

	원재료A	가공비	합계
기초재공품			487,500
당기투입[*2]	2,250,000	953,750	3,203,750
총투입원가			3,691,250
완성품환산량	÷150,000	÷136,250	
완성품환산량 단위원가	15	7	

[*2] 역산 150,000×15 = 2,250,000 136,250×7 = 953,750

원가배분 :

비정상공손손실	4,500×15+2,250×7 =	83,250
완성품	487,500+115,500×15+121,500×7+277,500[*3] =	3,348,000
기말재공품	15,000×15+5,000×7 =	260,000
총원가		3,691,250

[*3] 정상공손원가 : 15,000×15+7,500×7 = 277,500

기말재공품이 검사시점을 통과하지 못하였으므로 정상공손원가는 전액 완성품에 배분한다.

2. 공정Y

물량흐름과 완성품환산량 :

	물 량	당기완성품환산량		
		전공정비	원재료B	가공비
기초재공품	20,000 (0.3)			
당기투입량	139,500			
계	159,500			
기초재공완성	20,000	0	20,000	14,000

당기투입완성	115,500	115,500	115,500	115,500
기말재공품	24,000 (0.2)	24,000	0	4,800
계	159,500	139,500	135,500	134,300

당기투입원가와 완성품환산량 단위원가 :

	전공정비	원재료B	가공비	합계
기초재공품				800,000
당기투입	3,348,000	1,084,000	1,343,000	5,775,000
총투입원가				6,575,000
완성품환산량	÷139,500	÷135,500	÷134,300	
완성품환산량 단위원가	24	8	10	

원가배분 :

완성품	800,000 + 115,500 × 24 + 135,500 × 8 + 129,500 × 10 =	5,951,000
기말재공품	24,000 × 24 + 4,800 × 10 =	624,000
총원가		6,575,000

문11 해답

물량흐름과 완성품환산량 :

	물 량	당기완성품환산량		
		재료A	재료B	가공비
기초재공품	12,000 (0.8)			
당기투입량	102,000 (역산)			
계	114,000			
기초재공완성	12,000	0	0	2,400
당기투입완성	78,000	78,000	78,000	78,000
정상공손	4,800 (0.6)	4,800	0	2,880
비정상공손	1,200 (0.6)	1,200	0	720
기말재공품	18,000 (0.7)	18,000	18,000	12,600
계	114,000	102,000	96,000	96,600

당기투입원가와 완성품환산량 단위원가 :

	재료A	재료B	가공비	합계
기초재공품				984,000
당기투입	7,140,000	960,000	1,738,800	9,838,800
총투입원가				10,822,800
완성품환산량	÷102,000	÷96,000	÷96,600	
완성품환산량 단위원가	70	10	18	

원가배분 :

비정상공손손실	1,200×70+720×18−(1,200×30) =	60,960
완성품	984,000+78,000×70+78,000×10+80,400×18+198,120* =	8,869,320
기말재공품	18,000×70+18,000×10+12,600×18+45,720* =	1,712,520
공손품	6,000×30 =	180,000
총원가		10,822,800

* 정상공손원가 : 4,800×70+2,880×18−(4,800×30) = 243,840

정상공손원가의 배분

$$완성품=243,840\times\frac{78,000}{78,000+18,000}=198,120$$

$$기말재공품=243,840\times\frac{18,000}{78,000+18,000}=45,720$$

문12 해답

❑ 공정흐름

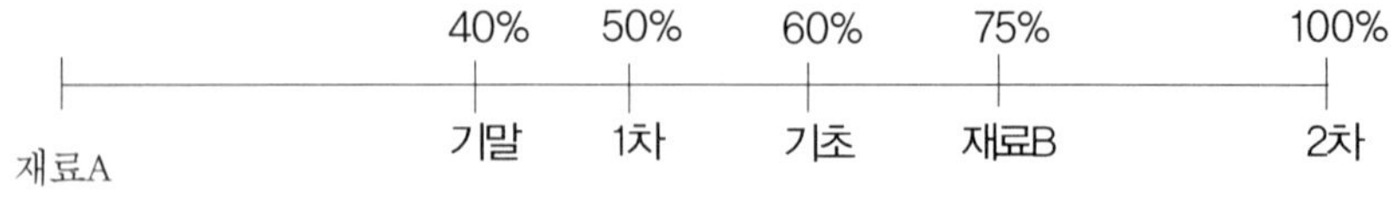

1. 정상공손수량
   1차 검사시점 : (4,200+200)×5% = 220단위
   2차 검사시점 : (800+4,200)×2% = 100단위

2.

	물량흐름	완성품환산량 재료A	재료B	가공비
기초재공완성	800	0	800	320
당기투입완성	4,200	4,200	4,200	4,200
1차공손 정상공손	220 (0.5)	220	–	110
비정상공손	80 (0.5)	80	–	40
2차공손 정상공손	100 (1.0)	100	100	100
비정상공손	100 (1.0)	100	100	100
기말재공품	500 (0.4)	500	–	200
완성품환산량		5,200	5,200	5,070

3. 완성품원가

(1) 완성품환산량 단위당 원가

재료 A : ₩208,000÷5,200 = ₩40

재료 B : ₩156,000÷5,200 = ₩30

가공비 : ₩354,900÷5,070 = ₩70

(2) 완성품원가

① 1차 정상공손원가 : 220×₩40+110×₩70 = ₩16,500

1차 정상공손원가 배분

- 완성품 : $₩16,500\times\frac{4,200}{4,200+100+100} = ₩15,750$
- 2차 정상공손 : $₩16,500\times\frac{100}{4,200+100+100} = ₩375$
- 2차 비정상공손 : $₩16,500\times\frac{100}{4,200+100+100} = ₩375$

② 2차 정상공손원가

₩375+100×₩40+100×₩30+100×₩70 = ₩14,375

③ 완성품원가

•정상공손원가 배분전 :

₩69,400+4,200×₩40+5,000×₩30+4,520×₩70 = ₩703,800

•정상공손원가 배분후 :

₩703,800+₩15,750+₩14,375 = ₩733,925

해설

1. 기말재공품이 검사시점을 통과하지 못했으므로 기말재공품은 정상공손원가를 배분받을 자격이 없다.
2. 1차 검사시점을 통과한 물량은 검사시점 통과 후의 가공정도에 관계없이 1차 검사시점에서 발생한 정상공손원가를 배분 받는데 동등한 자격이 있다. 왜냐하면 정상공손원가는 검사시점을 통과한 양품을 생산하기 위하여 불가피하게 발생한 원가이기 때문이다. 따라서 1차 검사시점 통과 후에 2차 검사시점에서 비정상공손품이 된다 해도 1차 검사시점에서 발생한 정상공손원가를 배분받는 데는 동등한 자격이 주어진다.
3. 2차 검사시점이 완성도 100% 시점이므로 2차 검사시점에서 발생한 정상공손원가는 완성품에만 배분된다.

문13 해답

1.

- 검사시점 20%일 때 : (52,000+15,000)×0.1 = 6,700개
- 검사시점 50%일 때 : (10,000+52,000+15,000)×0.1 = 7,700개

2.

- 총공손량 : 65,000−60,000 = 5,000
- 정상공손 : (10,000+30,000+20,000)×5% = 3,000
- 비정상공손 : 5,000−3,000 = 2,000
- 비상공손의 가공원가 완성품환산량 : 2,000개×80% = 1,600개

3.

공손품수량 : (600+400+8,500)×2% = 190개

또는 (600+400+9,000−200 −300)×2% = 190개

재공품				재료비	가공비
기초	600 (1/3)	완성	9,310 (1.0)	9,310	9,310
	400 (1/2)	공손품	190 (1.0)	190	190
		기말	200 (0.4)	200	80
착수	9,000		300 (0.7)	300	210
	10,000		10,000	10,000	9,790
				@14	@35

∴ 공손품원가 : 190×(14+35) = ₩9,310

4.

- 정상공손원가 : 500×공손품의 완성도(P)×180
- 완성품에 배부된 정상공손원가 : 500×P×180×5,000/8,000 = 33,750

  ∴ P = 60%

☞ 공손품으로 판명이 되면 더 이상 작업을 진행하지 않으므로 검사시점과 공손품의 완성도는 일치한다.

5.

재공품				전공정비	재료비	가공비
기초	1,000 (0.6)	기초완성	1,000	0	0	400
		착수완성	3,000	3,000	3,000	3,000
		정상공손*	200 (0.8)	200	200	160
		비정상공손	300 (0.8)	300	300	240
착수	5,000		1,500 (0.4)	1,500	0	600
	6,000		6,000	5,000	3,500	4,400
				@125	@420	@210

* 정상공손수량 : (1,000+3,000)×5% = 200

(1) 비정상공손비 : 300×125+300×420+240×210 = 213,900

(2) 완성품원가 : 172,000+450,000+320,000+3,200×125+3,200×420+3,560×210
= 3,433,600

☞ 기말재공품이 검사시점을 통과하지 못하였으므로 정상공손원가는 전액 완성품에 배분된다. 따라서 정상공손원가를 별도로 산정하지 않고 완성품원가를 산정할 때 정상공손원가를 포함하였다.

문14 해답

1.

(1) 투입량기준 물량흐름

기초재공품의 감손율: 0.3×0.5=15%

기초재공품의 투입량: 1,700÷0.85=2,000

완성품의 투입량: 6,720÷0.7=9,600

재 공 품 (투입량기준)

기초재공품	2,000	완 성 품	9,600
당기투입량	9,000	기말재공품	1,400
	11,000		11,000

(2) 기말재공품의 완성도: $\frac{\text{현재 감손량}}{\text{예상 총감손량}} = \frac{1,400-1,064}{1,400\times0.3} = 80\%$

2. 기초재공품의 완성도 추정

(1) 투입량기준 물량흐름의 파악

완성품의 투입량: 2,400÷0.8=3,000

기말재공품의 감손율: 0.2×0.6=12%

기말재공품의 투입량: 1,760÷0.88=2,000

재 공 품 (투입량기준)

기초재공품	1,000	완 성 품	3,000
당기투입량	4,000	기말재공품	2,000
	5,000		5,000

(2) 기초재공품의 완성도 추정

기초재공품 감손량: 1,000−920=80kg

기초재공품의 완성도: $\frac{\text{현재 감손량}}{\text{예상 총감손량}} = \frac{80}{1,000\times0.2} = 40\%$

〈별해〉

100% : 200kg=x : 80kg

∴ x=40%

해설

㈜한국의 경우는 다음과 같이 이해하면 된다.

1. 완성품은 30%의 감손이 발생한 후의 수량이며, 기초재공품은 완성도가 50%이므로 15%의 감손이 발생한 후의 수량이다. 이와 같이 감손 발생율이 다른 경우에는 모두 감손전 수량, 즉 투입량으로 환산하여 접근해야 한다.
2. 기초재공품의 투입량에 당기투입량을 가산하면 총투입량은 11,000kg이 된다. 완성품의 투입량이 9,600kg이므로 기말재공품의 투입량은 1,400kg이 된다. 그런데 기말재공품이 100% 완성된다면 1,400kg의 30%에 해당하는 420kg의 감손이 발생할 것인데, 현재까지 336kg (1,400−1,064)의 감손이 발생하였으므로 기말재공품의 완성도는 80%(336÷420)이다.

제 6 장 결합제품과 부산물회계

문1 해답

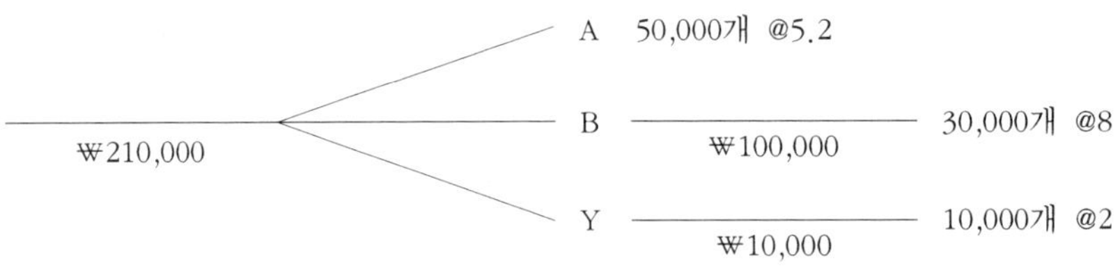

1. 생산시점의 원가차감법

(1) 결합원가의 배분

	A		B		합 계
매 출	50,000×5.2=	260,000	30,000×8=	240,000	500,000
추가가공원가		–		100,000	100,000
결합원가		156,000		44,000	200,000*
매출총이익		104,000		96,000	200,000
매출총이익률	40%		40%		40%

* 부산물의 순실현가치(10,000×2−10,000 = ₩10,000)는 결합원가에서 차감하여야 한다. 따라서 주산물에 배분될 결합원가는 ₩200,000이다.

☞ 합계란에서 매출총이익과 매출총이익률이 먼저 결정된 후에 개별 제품의 매출총이익률이 40%가 되도록 결합원가를 배분한다. 부산물은 주산물에 포함되지 않기 때문에 균등이익률을 유지할 필요가 없다.

(2) 단위당 원가

A = 156,000÷50,000 = ₩3.12

B = (100,000+44,000)÷30,000 = ₩4.8

Y = (10,000+10,000)÷10,000 = ₩2

2. 판매시점의 잡수익법

(1) 결합원가의 배분

	A	B	합 계
매 출	50,000×5.2 = 260,000	30,000×8 = 240,000	500,000
추가가공원가	–	100,000	100,000
결합원가	161,200	48,800	210,000*
매출총이익	98,800	91,200	190,000
매출총이익률	38%	38%	38%

* 결합원가 전액이 주산물에 배분된다.

(2) 단위당 원가

A = 161,200÷50,000 = ₩3.224

B = (100,000+48,800)÷30,000 = ₩4.96

Y = 10,000÷10,000 = ₩1

☞ 부산물에 결합원가를 배분하지 않더라도 부산물의 추가가공원가는 부산물의 제조원가에 포함된다.

문2 해답

1. 결합원가의 배분

(1) 부산물C의 순실현가치

부산물C의 판매가치 = 80,000×₩11 =	₩880,000
부산물C의 판매비용 = 80,000×₩(1.2+0.3) =	(120,000)
부산물C의 순실현가치	₩760,000

(2) 주제품에 배부될 결합원가

(₩1,200,000+₩2,100,000+₩4,000,000)−₩760,000 = ₩6,540,000

(3) 주제품에 배분될 결합원가

	생산량	판매가격	판매가치	배분비율	결합원가배분액
제품A	200,000	₩40	₩8,000,000	25%	₩1,635,000
제품B	400,000	60	24,000,000	75%	4,905,000
			₩32,000,000		₩6,540,000

2. 제품라인별 매출원가

	제품A		제품B	
기초제품	40,000단위	₩360,000	20,000단위	₩300,000
당기생산	200,000	1,635,000	400,000	4,905,000
기말제품	10,000	(81,750)	30,000	(367,875)
매출원가		₩1,913,250		₩4,837,125

3. 제품라인별 손익계산서

	제품A		제품B	
매출액	230,000×₩40	₩9,200,000	390,000×₩60	₩23,400,000
매출원가		(1,913,250)		(4,837,125)
매출총이익		₩7,286,750		₩18,562,875
판매비		(1,000,000)		(1,000,000)
순이익		₩6,286,750		₩17,562,875

문3 해답

기초재고 : 0 단위당 판매비 : @₩1

1. 부산물A를 판매시점에서 잡수익으로 인식

제품	판매가치	추가가공비	순실현가치	비율	배부액	총원가	단가
X	80,000×7.5 = 600,000	120,000	480,000	63.83%	382,979	502,979	6.287
Y	40,000×10 = 400,000	128,000	272,000	36.17%	217,021	345,021	8.626
	1,000,000	248,000	752,000		600,000	848,000	
A		8,000				8,000	0.8

(1) 손익계산서

매출액	X	₩540,000	
	Y	300,000	₩840,000
매출원가	X	₩452,664(₩6.287×72,000)	
	Y	258,780(₩8.626×30,000)	711,444
매출총이익			₩128,556
잡수익	A	6,000×(₩4−₩1−₩0.8)	13,200
당기순이익			₩141,756

(2) 기말재고자산

제품X = 8,000×₩6.287 = ₩50,296

제품Y = 10,000×₩8.626 = ₩86,626

부산물A = 4,000×₩0.8 = ₩3,200

2. 부산물A를 생산시점에서 결합원가에서 차감하는 방법

부산물A의 순실현가치 = 10,000×(₩4−₩1−₩0.8) = ₩22,000

주제품에 배부될 결합원가 = ₩600,000−₩22,000 = ₩578,000

제품	판매가치	추가가공비	순실현가치	비율	배부액	총원가	단가
X	600,000	120,000	480,000	63.83%	368,936	488,936	6.112
Y	400,000	128,000	272,000	36.17%	209,064	337,064	8.427
	1,000,000	248,000	752,000		578,000	826,000	

(1) 손익계산서

매출액	X	₩540,000	
	Y	300,000	₩840,000
매출원가	X	₩440,064(₩6.112×72,000)	
	Y	252,810(₩8.427×30,000)	692,874
매출총이익			₩147,126
잡수익			0
당기순이익			₩147,126

(2) 기말재고자산

제품X = 8,000×₩6.112 = ₩48,896

제품Y = 10,000×₩8.427 = ₩84,270

부산물A = 4,000×₩3* = ₩12,000

* (22,000+8,000)÷10,000 = 3

3. 부산물 A가 주산품으로 분류되는 경우 1월의 순이익

	판매가치		추가가공비	순실현가치	배부액
제품X	80,000×7.5 =	600,000	120,000	480,000	372,093
제품Y	40,000×10 =	400,000	128,000	272,000	210,853
제품A	10,000×3* =	30,000	8,000	22,000	17,054
		1,030,000	256,000	774,000	600,000

* 단위당 ₩1의 판매비가 발생하므로 ₩4−₩1 = ₩3으로 계산된다.

제품단위당 원가

제품X = (372,093+120,000)/80,000 = ₩6.15

제품Y = (210,853+128,000)/40,000 = ₩8.47

제품A = (17,054+8,000)/10,000 = ₩2.5054

1월의 손익계산서

매출액		
제품X(72,000×7.5)	₩540,000	
제품Y(30,000×10)	300,000	
제품A(6,000×4)	24,000	₩864,000
매출원가		
제품X(72,000×6.15)	₩442,800	

제품Y(30,000×8.47)	254,100	
제품A(6,000×2.5054)	15,032	711,932
매출총이익		₩152,068
판매비(6,000×₩1)		6,000
당기순이익		₩146,068

문4 해답

1.

(1) 순실현가치의 비율

제 품	판매가치	추가가공비	순실현가치	비 율
제품A	₩4,100,000	₩0	₩4,100,000	82%
제품B	1,500,000	750,000	750,000	15%
제품C	150,000	0	150,000	3%
	₩5,750,000	₩750,000	₩5,000,000	

(2) 결합원가 배분

제품A	3,500,000×0.82 =	₩2,870,000
제품B	3,500,000×0.15 =	₩525,000
제품C	3,500,000×0.03 =	₩105,000
		₩3,500,000

2. 아니다.

제품C는 순실현가치가 전체에서 차지하는 비중이 낮기 때문에 부산물 혹은 작업폐물로 취급하는 것이 타당하다.

3. 증분수익

매출증가	₩180,000	
처분비용감소	50,000	₩230,000
증분비용		
판매비용		(30,000)
매월 증분이익		₩200,000

문5 해답

1. 현재의 결합원가 배부방법은 물리적 단위법이다. 왜냐하면, 각 제품의 물량의 비율(30,000kg : 50,000kg : 20,000kg)과 결합원가 배부액의 비율(₩600,000 : ₩1,000,000 : ₩400,000)이 같기 때문이다.

2. 생산을 중단해서는 안 된다.
제품C의 생산을 중단하면, 제품C에 배부된 결합원가를 제품A와 제품B에서 추가적으로 배부받게 된다. 따라서 ₩100,000의 손실을 방지하기 위해 제품C의 생산을 중단하면, ₩400,000의 결합원가가 추가적으로 제품A와 제품B에 배부되어 전체적으로 ₩300,000의 추가적인 손실을 초래하게 된다. 즉 제품C의 경우 배부된 결합원가는 제품C의 생산 여부를 결정하는 데 있어서 비관련원가이며, 관련원가는 단지 판매가치와 추가가공비뿐이다.

판매가치 감소분	₩1,000,000
추가가공비 절감액	700,000
증분이익(손실)	(₩300,000)

3. 순실현가치법에 따른 원가배분
(1) 결합원가배분

	판매가치	추가가공비	순실현가치	배부비율	배부액
제품A	₩1,800,000	₩800,000	₩1,000,000	40%	₩800,000
제품B	2,000,000	800,000	1,200,000	48%	960,000
제품C	1,000,000	700,000	300,000	12%	240,000

(2) 손익계산서

	제품A	제품B	제품C	합 계
생산량	30,000kg	50,000kg	20,000kg	100,000kg
kg당 판매가격	₩60	₩40	₩50	
매출액	₩1,800,000	₩2,000,000	₩1,000,000	₩4,800,000
결합원가	800,000	960,000	240,000	2,000,000
추가가공비	800,000	800,000	700,000	2,300,000
순이익	₩200,000	₩240,000	₩60,000	₩500,000

4. 추가가공 여부

제품D의 판매가치	₩2,400,000(50,000kg×80%×₩60)
추가가공비	500,000
제품D의 순실현가치	₩1,900,000
제품B의 판매가치	2,000,000
추가가공에 따른 증분손실	₩100,000

문6 해답

❑ 공정흐름도

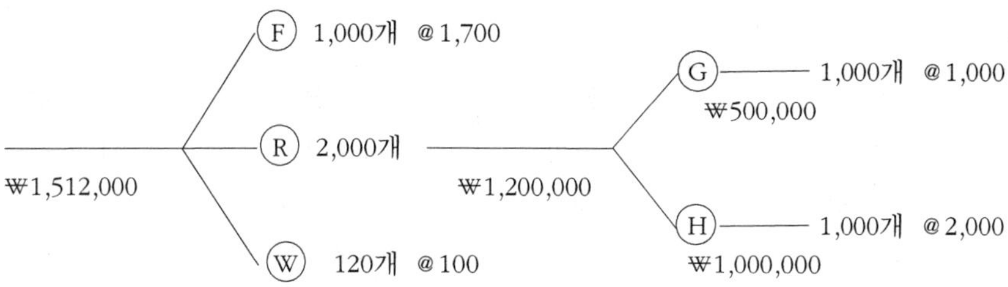

❑ 내용정리

NRV(F) = 1,000×1,700 = 1,700,000
NRV(G) = 1,000×1,000−500,000 = 500,000
NRV(H) = 1,000×2,000−1,000,000 = 1,000,000
1,500,000
NRV(R) = 1,500,000−1,200,000 = 300,000
NRV(W) = 120×100 = 12,000

1. 결합원가 배분액

F제품	G제품	H제품	W제품	합 계
1,275,000*1	475,000*2	950,000	12,000	2,712,000

*1 $(1,512,000-12,000)\times\frac{1,700,000}{1,700,000+300,000}=1,275,000$

*2 $\{(1,512,000-12,000)\times\frac{300,000}{1,700,000+300,000}+1,200,000\}\times\frac{500,000}{1,500,000}$

$=475,000$

2. 각 제품별 단위당 원가

구 분	F제품	G제품	H제품	W부산물
총 원 가	₩1,275,000	₩975,000	₩1,950,000	₩12,000
생 산 량	1,000개	1,000개	1,000개	120개
단위당 원가	₩1,275	₩975	₩1,950	₩100

3. 폐기물의 가치 $= -50 \times 120 = -6{,}000$

최종제품 G의 총원가

$$= \left\{(1{,}512{,}000 + 6{,}000) \times \frac{300{,}000}{2{,}000{,}000} + 1{,}200{,}000\right\} \times \frac{500{,}000}{1{,}500{,}000} + 500{,}000$$

= ₩975,900

4.

구 분	H제품	G제품	F제품
매 출 액	400,000	1,000,000	1,700,000
추가가공원가	(1,000,000)	(500,000)	
결 합 원 가		(1,200,000)	(1,500,000)
총이익(손실)	(600,000)	(700,000)	200,000
가 공 여 부	×	×	○

5.

증분수익

G매출액 $1{,}000 \times 1{,}000 = 1{,}000{,}000$

H매출액 $1000 \times P = 1{,}000P$ $\quad 1{,}000{,}000 + 1{,}000P$

증분비용

R매출액 $2{,}000 \times 500 = 1{,}000{,}000$

추가가공비 $\quad 2{,}700{,}000^{*} \quad 3{,}700{,}000$

증분이익 $\quad 1{,}000{,}000 + 1{,}000P - 3{,}700{,}000$

* 1,200,000+500,000+1,000,000 = 2,700,000

$\therefore 1{,}000{,}000 + 1{,}000P - 3{,}700{,}000 > 0$

$\therefore P > 2{,}700$

문7 해답

1.

순실현가치

NRV 갑 :	200×4,100−100,000	=	₩720,000	(30%)
NRV 을 :	300×2,000	=	600,000	(25%)
NRV 병 :	500×2,160	=	1,080,000	(45%)
			₩2,400,000	(100%)

제품 단위당 제조원가

갑 :	(1,000,000×0.3+100,000)÷200	=	₩2,000
을 :	(1,000,000×0.25)÷300	=	833.3
병 :	(1,000,000×0.45)÷500	=	900

2.

슈퍼 갑 : $\dfrac{4,100-2,000}{4,100} = 51.2\%$

을 : $\dfrac{2,000-833.3}{2,000} = 58.3\%$

병 : $\dfrac{2,160-900}{2,160} = 58.3\%$

3.

(1) 추가가공 한다면

증분수익	200×(4,100−3,700) =	₩80,000
증분비용		100,000
증분이익(손실)		₩(20,000)

∴ 추가가공하지 않는다.

(2) 추가가공 한다면

증분수익	300×0.8×2,800−300×2,000 =	₩72,000
증분비용		100,000
증분이익(손실)		₩(28,000)

∴ 추가가공하지 않는다.

(3) 추가가공 한다면

증분수익	500×1.2×2,200−500×2,160 =	₩240,000
증분비용		100,000
증분이익(손실)		₩140,000

∴ 추가가공 한다.

문8 해답

1.

	순실현가치	%	결합원가
A	₩330,000	55	₩220,000
B	180,000	30	120,000
C	90,000	15	60,000
	₩600,000	100	₩400,000

제품C의 매출총이익 : ₩130,000−60,000−40,000 = ₩30,000

2.

	분리점에서의 상대적 판매가치	
X	20,000×15,000 =	₩300,000,000
Y	16,000×12,000 =	192,000,000
Z	12,000×9,000 =	108,000,000
		₩600,000,000

∴ Y에 배분되는 공통원가

(150,000,000+130,000,000)×192,000,000/600,000,000 = ₩89,600,000

3.

- 순실현가치

NRV(A) : 500,000−200,000 = 300,000

NRV(B) : 200,000−100,000 = 100,000

NRV(AB) : 300,000+100,000−100,000 = 300,000

NRV(C) : 300,000−100,000 = 200,000

- 제품A 총제조원가

  [(200,000×300,000/500,000)+100,000]×300,000/400,000+200,000 = ₩365,000

4.

[150,000 − NRV(B)]×6/9 = 80,000

∴ NRV(B) = 30,000

5.

- 배분대상 결합원가

직접재료비 :	72,000×8,000/9,000 =	64,000
가 공 비 :	33,600×8,000/8,400 =	32,000
		96,000

- 순실현가치

A제품 :	4,000×50−20,000 =	180,000
B제품 :	2,000×80−40,000 =	120,000
		300,000

- A제품에 배분될 결합원가

  96,000×180,000/300,000 = ₩57,600

☞ 당기에 투입된 결합원가 중에서 기말재공품에 포함되어 있는 것은 당기에 생산한 결합제품에 배분할 대상이 아니다. 따라서 완성품환산량을 기준으로 결합제품에 배분할 결합원가를 산정한다.

문9 해답

❑ 물량흐름도

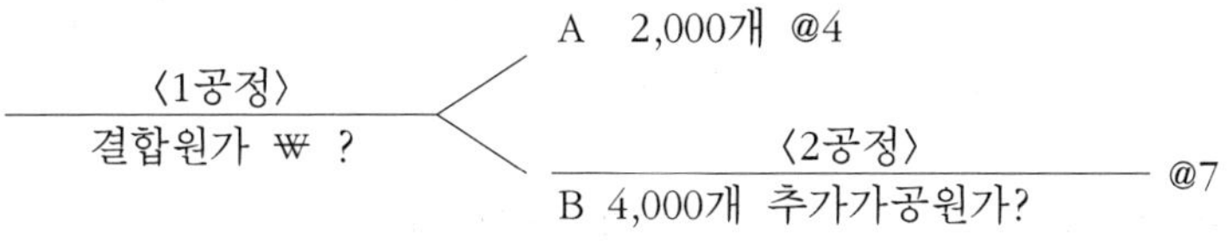

1. 3,000+22,000−4,000=21,000

	물량흐름	완성품환산량	
		전공정비	가공비
기초재공품	0		
당기착수	4,000		
	4,000		
당기완성	3,000	3,000	3,000
기말재공품	1,000(70%)	1,000	700
	4,000	4,000	3,700
		0	0
		12,600	14,800
총원가		12,600	14,800
		÷4,000	÷3,700
완성품환산량 단위당 원가		@3.15	@4

- 원가의 배분

완성품원가	3,000개×@3.15+3,000개×@4=	₩21,450
기말재공품원가	1,000개×@3.15+ 700개×@4=	5,950
합 계		₩27,400

☞ 제조원가보고서의 ▒ 부분은 결합원가를 배분한 후에 계산되는 부분이다.

2. 2공정 가공비 완성품환산량과 완성품환산량 단위당원가
   완성품환산량 3,700개
   완성품환산량 단위당원가 @4

3. 결합원가의 배분

제 품	순실현가치		배분비율	결합원가배분액
A	2,000개×@4=	8,000	40%	₩8,400
B	4,000개×(@7−@4*)=	12,000	60%	12,600
합 계		20,000	100%	₩21,000

* 2공정의 가공비 완성품환산량 단위당 원가

4. 기말재공품원가=₩5,950 완성품원가=₩21,450

5. 재공품계정작성

재공품－1공정

차변		대변	
기초재공품	3,000	완성품원가	
		차공정	12,600
		A제품	8,400
당기발생	22,000	기말재공품	4,000
	25,000		25,000

재공품－2공정

차변		대변	
기초재공품	0	완성품원가	
		B제품	21,450
전공정비	12,600		
가공비	14,800	기말재공품	5,950
	27,400		27,400

6. 회계처리

		차변	금액		대변	금액
①	(차)	재공품－1공정	22,000	(대)	원 재 료 노 무 비 제조간접비	22,000
②	(차)	재공품－2공정 제 품 A	12,600 8,400	(대)	재공품－1공정	21,000
③	(차)	재공품－2공정	14,800	(대)	노 무 비 제조간접비	14,800
④	(차)	제 품 B	21,450	(대)	재공품－2공정	21,450

해설

1. 1공정에서 발생한 원가 중에서 완성품에 배분된 원가만이 당기에 A, B제품에 배분될 결합원가이다. 왜냐하면 1공정의 기말재공품에 배분된 원가는 당기에 생산한 A, B제품과 무관하기 때문이다.
2. 1공정의 결합원가(₩21,000)를 A, B제품의 순실현가치를 기준으로 배분하는 것이 1차 목표이다. 이때 A제품 생산량 2,000개와 B제품 생산량 4,000개가 모두 판매되는 경우의 순실현가치를 구하여 배분하여야 한다. 왜냐하면 1공정의 결합원가(₩21,000)는 A제품 2,000개와 B제품 4,000개를 생산하기 위하여 발생한 것이므로 이들이 모두 판매되는 경우의 순실현가치를 기준으로 배분하여야 하기 때문이다.
3. 2공정에서 B제품 4,000개가 모두 완성되었다면 순실현가치를 구하는 것은 아주 간단하다(순실현가치＝4,000×7－14,800). 그런데 2공정에서 발생한 가공비 ₩14,800은 4,000개의 완성품을 생산하는데 투입된 원가가 아니고 완성품환산량 3,700개를 생산하는데 투입된 원가이다. 즉 3,700개를 생산하기 위하여 ₩14,800이 투입되었으므로 단위당 가공비는 ₩4이다. 따라서 4,000개를 생산하여 판매하는 경우의 순실현가치(최종판매가치－ 추가가공비)는 다음과 같이 구할 수 있다.
   순실현가치＝4,000×7－4,000×4＝4,000×(7－4)
4. 각 제품의 순실현가치를 구하여 1공정의 결합원가를 배분할 때 B제품에 배분된 금액은 2공정의 입장에서는 전공정비가 된다.

제 7 장 보조부서 원가의 배부

문1 해답

1. 직접배부법

	배부대상원가		제조부문 A		제조부문 B
배부전원가	–		₩35,000		₩50,000
동력부문	₩14,000	50/80	8,750	30/80	5,250
수선부문	20,000	30/75	8,000	45/75	12,000
배부후원가	–		₩51,750		₩67,250

2. 단계배부법

	동력부문	수선부문	제조부문A	제조부문B
배부전 원가	₩14,000	₩20,000	₩35,000	₩50,000
동력부문	(14,000)	2,800	7,000	4,200
수선부문	–	(22,800)	9,120	13,680
배부후 원가	0	0	₩51,120	₩67,880

3. 상호배부법

동력부문원가: X

수선부문원가: Y

$X = 14,000 + 0.25Y$

$Y = 20,000 + 0.2X$

연립방정식을 풀면

Y = ₩24,000, X = ₩20,000

	동력부문	수선부문	제조부문A	제조부문B
배부전 원가	₩14,000	₩20,000	₩35,000	₩50,000
동력부문	(20,000)	4,000	10,000	6,000
수선부문	6,000	(24,000)	7,200	10,800
배부후 원가	0	0	₩52,200	₩66,800

4.

(차)	제조간접비－제조A	17,200	(차)	제조간접비－동력	14,000
	제조간접비－제조B	16,800		제조간접비－수선	20,000

문2 해답

1. 직접배부법

	배부대상원가		제조1		제조2
배부전원가	－		₩400,000		₩350,000
인사부문	₩210,000	45/105	90,000	60/105	120,000
동력부문	160,000	25/40	100,000	15/40	60,000
수선부분	100,000	60/100	60,000	40/100	40,000
배부후원가	－		₩650,000		₩570,000

2. 단계배부법

	인사부문	동력부문	수선부문	제조1	제조2
배부전 원가	₩210,000	₩160,000	₩100,000	₩400,000	₩350,000
인사부문	(210,000)	42,000	21,000	63,000	84,000
동력부문	－	(202,000)	40,400	101,000	60,600
수선부문	－	－	(161,400)	96,840	64,560
배부후 원가	0	0	0	₩660,840	₩559,160

문3 해답

1.
총발생원가 = 5,000,000+3,000,000 = ₩8,000,000

(1) 최대사용시간(1,000,000시간)기준으로 배분할 경우
시간당 단일배부율 = ₩8,000,000/1,000,000 = ₩8/시간당
동력부문비 배분
부문A = 250,000×₩8 = ₩2,000,000
부문B = 750,000×₩8 = ₩6,000,000

(2) 실제사용시간(500,000시간)기준으로 배분할 경우
시간당 단일배부율 = ₩8,000,000/500,000 = ₩16/시간당
동력부문비 배분
부문A = 200,000×₩16 = ₩3,200,000
부문B = 300,000×₩16 = ₩4,800,000

해설

단일배부율에 적용될 배부기준은 최대사용가능시간과 실제사용시간을 이용할 수 있으며, 단일배부율법은 계산상의 편리함이 있으나 고정비가 차지하는 비중이 클 경우 조업도에 따라 원가정보를 왜곡시킬 수 있다.

2.
실제 사용시간을 단일배부율 기준으로 이용할 경우 부문A에서 불만을 가지게 된다. 왜냐하면 동력부문의 상당부분은 부문B를 위하여 설비를 갖추고 있는데 부문B의 조업도가 예상보다 낮아짐에 따라 부문B를 위해 보유하고 있는 설비에 대한 고정비를 부문A에서 부담하게 된다.
또한 최대 사용가능 시간을 단일배부율 기준으로 이용할 경우 부문B에서 불만을 가지게 된다. 실제 사용시간이 최대 사용가능 시간에 훨씬 미치지 못함에 불구하고 최대 사용가능 시간에 따라 변동비를 부담하게 된다.

3. 이중배부율법
(1) 시간당 배부율
고정비 배부율 = ₩5,000,000/1,000,000 = ₩5/시간당
변동비 배부율 = ₩3,000,000/500,000 = ₩6/시간당

☞ 고정비는 최대 사용가능시간, 변동비는 실제 사용시간으로 배분한다.

(2) 동력부문비 배분

부문A = 250,000×₩5+200,000×₩6 = ₩2,450,000

부문B = 750,000×₩5+300,000×₩6 = ₩5,550,000

4.

이중배부율법을 사용할 경우 조업도차이에 대한 문제를 해소할 수 있으며, 예산조업도와 실제조업도의 차이에서 발생하는 고정비에 대한 부적절한 배부문제를 예방할 수 있다. 따라서 이중배부율법을 사용할 경우 보다 정확한 보조부문비 배분으로 인해 제품별 원가계산에 정확성을 기할 수 있다.

문4 해답

1.

(1) 직접배부법

	동력부문	정보시스템	제조A	제조B
고정비	₩300,000	₩80,000		
동력부문	(300,000)		₩100,000	₩200,000
정보시스템		(80,000)	50,000	30,000
	0	0	₩150,000	₩230,000

	동력부문	정보시스템	제조A	제조B
변동비	₩540,000	₩75,000		
동력부문	(540,000)		₩270,000	₩270,000
정보시스템		(75,000)	55,000	20,000
	0	0	₩325,000	₩290,000

(2) 단계배부법

	동력부문	정보시스템	제조A	제조B
고정비	₩300,000	₩80,000		
동력부문	(300,000)	30,000	₩90,000	₩180,000

정보시스템		(110,000)	68,750	41,250
	0	0	₩158,750	₩221,250

변동비	₩540,000	₩75,000		
동력부문	(540,000)	108,000	₩216,000	₩216,000
정보시스템		(183,000)	134,200	48,800
	0	0	₩350,200	₩264,800

(3) 상호배부법

	동력부문	정보시스템	제조A	제조B
고정비	₩300,000	₩80,000		
동력부문	(322,449)	32,245	₩96,735	₩193,469
정보시스템	22,449	(112,245)	56,123	33,673
	0	0	₩152,858	₩227,142
변동비	₩540,000	₩75,000		
동력부문	(588,158)	117,632	₩235,263	₩235,263
정보시스템	48,158	(192,632)	105,948	38,526
	0	0	₩341,211	₩273,789

2. 단위당 서비스 원가의 비교

(1) 직접배부법

	제조부문A	제조부문B
고정비	₩150,000	₩230,000
변동비	325,000	290,000
합 계	₩475,000	₩520,000
생산량	15,000단위	12,000단위
단위당원가	@₩31.67	@₩43.33

(2) 단계배부법

	제조부문A	제조부문B
고정비	₩158,750	₩221,250
변동비	350,200	264,800

합 계	₩508,950	₩486,050
생산량	15,000단위	12,000단위
단위당원가	@₩33.93	@₩40.50

(3) 상호배부법

	제조부문A	제조부문B
고정비	₩152,858	₩227,142
변동비	341,211	273,789
합 계	₩494,069	₩500,931
생산량	15,000단위	12,000단위
단위당원가	@₩32.94	@₩41.74

문5 해답

1.

	동력부문	수선부문	제1공장	제2공장	계
부문개별비					
주요재료	200	400			600
보조재료	2,000	2,900	4,000	3,200	12,100
간접노무비	8,800	7,000	10,000	12,000	37,800
기타제조경비	7,000	5,000	8,700	8,000	28,700
부문개별경비	18,000	15,300	22,700	23,200	79,200
부문공통비					
배부기준	12	10	8	10	40
부문공통경비	3,000	2,500	2,000	2,500	10,000
부문비 합계	21,000	17,800	24,700	25,700	89,200

2.

	동력부문	수선부문	제1공장	제2공장	계
부문비 합계	21,000	17,800	24,700	25,700	89,200
용역제공(%)					
동력부문	—	—	10	15	25
수선부문	—	—	10	10	20

보조부문비 배부					
동력부문	(21,000)		8,400	12,600	0
수선부문		(17,800)	8,900	8,900	0
제조부분비 합계	0	0	42,000	47,200	89,200

3.

	동력부문	수선부문	제1공장	제2공장
제조부문비 합계	0	0	42,000	47,200
÷직접노동시간			3,500	2,500
제조간접비 배부율			₩12	₩18.88

4.

	#101	#102	계
기초재공품	0	0	0
직접재료비1)			
A재료	₩20,000	₩16,000	₩36,000
B재료	36,000	24,000	60,000
직접노무비2)	₩35,000	₩25,000	₩60,000
제조간접비3)			
제1공장	₩24,000	₩18,000	₩42,000
제2공장	28,320	18,880	47,200
계	₩143,320	₩101,880	₩245,200
작업폐물4)(차감)	₩200	₩300	₩500
제품제조원가	₩143,120	₩101,580	₩244,700

1) 작업지시서별 재료소비량×재료단가
2) 작업지시서별 직접노동시간×임률
3) 각 작업지시서별 배부액 = 각 공장별배부율×각 공장별 작업지시서별 노동시간 수
4) 작업폐물 평가액 = 수량×순실현가치

해설

부문별 원가계산은 다음과 같은 순서에 의한다.

(1) 제조간접비를 부문별로 집계
(2) 보조부문비를 제조부문으로 배부
(3) 제조부문별로 제조간접비배부율 산정
(4) 제조부문별로 집계된 제조간접비를 제품별로 배부

문6 해답

1. 매출총이익보고서(9월)

	A형 타이어		B형 타이어	
매출액		₩35,000,000		₩15,000,000
매출원가				
직접재료비	₩13,000,000		₩4,000,000	
직접노무비	11,000,000		5,500,000	
제조간접비	7,500,000*	31,500,000	5,000,000**	14,500,000
매출총이익		₩3,500,000		₩500,000
		10%		3.3%

* $₩12,500,000 \times \frac{900}{1,500} = ₩7,500,000$

** $₩12,500,000 \times \frac{600}{1,500} = ₩5,000,000$

2.

	A형 타이어		B형 타이어	
매출액		₩37,500,000		₩17,500,000
매출원가				
직접재료비	₩13,500,000		₩5,000,000	
직접노무비	11,500,000		7,000,000	
제조간접비	9,100,000*	34,100,000	4,900,000**	16,900,000
매출총이익		₩3,400,000		₩600,000
		9.1%		3.4%

* $₩14,000,000 \times \frac{650}{1,000} = ₩9,100,000$

** $₩14,000,000 \times \frac{350}{1,000} = ₩4,900,000$

3. 매출수익률에 차이가 나는 이유

배부기준으로 직접노동시간을 사용할 때와 기계작업시간을 사용했을 경우 각각 배부비율이 달라진다. 따라서 동일한 제조간접비가 발생하였더라도 배부기준에 따라 배부금액이 달라지고 이에 따라 수익률에도 차이가 날 수 있다.

4. 적절한 배부방법

현재의 배부방법은 공장전체배부법으로서 부문의 특성이 무시되고 있으므로 부문별배부법을 사용해야 한다. 즉 보조부문원가의 배분이 고려되지 않고 있는 공장전체배부법 대신 원가배분의 이상적 기준인 인과관계에 보다 부합되는 원가배분이 이루어질 수 있는 부문별 배부법을 사용해야 한다.

5. 상호배분법의 연립방정식

A = a+0.5X+0.5Y+0.5Z

B = b+0.3X+0.35Y+0.25Z

X = x+0.15Y+0.1Z

Y = y+0.1X+0.15Z

Z = z+0.1X

A : A타이어의 배분후 원가,	a : 배부전 금액
B : B타이어의 배분후 원가,	b : 배부전 금액
X : 동력부의 배분후 원가,	x : 배부전 금액
Y : 기계수선부의 배분후 원가,	y : 배부전 금액
Z : 관리부의 배분후 원가,	z : 배부전 금액

문7 해답

1.

(1) 직접배부법

	제품A	제품B	관리부문	동력부문
보조부문비	150,000,000	80,000,000		
보조부문비배분				
관리부문	105,000,000	45,000,000	(150,000,000)	–
동력부문	16,000,000	64,000,000	–	(80,000,000)
	121,000,000	109,000,000	0	0

(2) 단계배부법

	제품A	제품B	관리부문	동력부문
보조부문비			150,000,000	80,000,000

보조부문비배분				
관리부문	9,600,000	38,400,000	32,000,000	(80,000,000)
동력부문	127,400,000	54,600,000	(182,000,000)	–
	137,000,000	93,000,000	0	0

(3) 상호배분법

관리부문 = 150,000,000+0.40×동력부문

동력부문 = 80,000,000+0.15×관리부문

관리부문 = 193,617,021

동력부문 = 109,042,553

	제품A	제품B	관리부문	동력부문
보조부문비			150,000,000	80,000,000
보조부문배배분				
관리부문	115,202,127	49,372,341	(193,617,021)	29,042,553
동력부문	13,085,106	52,340,426	43,617,021	(109,042,553)
	128,287,233	101,712,767	0	0

2. 동력에 대한 외부구입 여부에 대한 의사결정

(1) 외부구입 비용

외부구입수량 : 12+48+40×(1−0.15) = 94단위

외부구입비용 : 94단위×700,000 = ₩65,800,000

(2) 외부구입시 증분수익

변동비 절감	
관리부문(100,000,000×0.15)	₩15,000,000
동력부문	30,000,000
고정비 절감	20,000,000
임대수익 증가	5,000,000
	₩70,000,000

∴ 외부에서 구입하는 것이 ₩4,200,000만큼 유리하다.

문8 해답

1.

(1) 용역제공비율

공급 \ 사용	보조부문		제조부문	
	수선부	전력부	A	B
수선부	–	0.2	0.3	0.5
전력부	2/16	–	6/16	8/16

* 보조부문비 배분시 자가소비용역은 제외하고 용역제공비율 산출

(2) 상호배분법에 의한 보조부문비 배분

수선부의 보조부문비: X, 전력부의 보조부문비: Y

X = ₩50,000+0.125Y

Y = ₩380,000+0.2X

X = ₩100,000 Y = ₩400,000

	수선부(X)	전력부(Y)	제조부문A	제조부문B
배부전금액	₩50,000	₩380,000	–	–
수선부	(100,000)	20,000	₩30,000	₩50,000
전력부	50,000	(400,000)	150,000	200,000
배부후금액	₩0	₩0	₩180,000	₩250,000

2.

① 외부구입량

제조부문 사용량	14,000kwh
수선부사용량감소분	1,600(2,000kwh×0.8)
	15,600kwh

② 외부구입시 원가절감액

전력부의 변동원가	20,000kwh×₩19 =	₩380,000
수선부의 변동원가	2,000시간×₩5 =	10,000
외부구입시 원가절감액		₩390,000

③ 외부구입시 단위당 최대지불 가능 금액

15,600×P ≤ ₩390,000

P ≤ ₩25

∴ 외부공급업자에게 최대한 지불가능한 금액은 단위당 ₩25이다.

문9 해답

1. 동력부문원가

	생산부문A	생산부문B	합　계
기계시간	20,000	28,800	48,800
시간당kw	1,000	500	
총전력량(kw)	20,000,000	14,400,000	34,400,000

동력부문원가

고정비	₩500,000
변동비(34,400×40)	1,376,000
합　계	₩1,876,000

2. 이중배부율법에 따른 원가배부시 간접비 예정배부율

	생산부문A		생산부문B	
부문간접비:				
고정비	₩250,000		₩350,000	
변동비	400,000	(20×20,000)	1,440,000	(50×28,800)
동력부문비 배부				
고정비	357,000	(500,000×0.714*)	143,000	(500,000×0.286*)
변동비	800,000	(20,000×40)	576,000	(14,400×40)
총간접비	₩1,807,000		₩2,509,000	
기대기계시간	20,000		28,800	
예정간접비배부율	₩90.35		₩87.12	

* 최대전력소비량

생산부문A(36,000×1,000)	36,000,000(0.714)
생산부문B(28,800×500)	14,400,000(0.286)
	50,400,000

3. 단일배부율법에 따른 원가배부시 간접비 예정배부율

	생산부문A	생산부문B
부문간접비:		
고정비	₩250,000	₩350,000
변동비	400,000(20×20,000)	1,440,000(50×28,800)
동력부문비 배부		
동력부문비	1,089,956(1,876,000×0.581*)	786,044(1,876,000×0.419*)
총간접비	₩1,739,956	₩2,576,044
기대기계시간	20,000	28,800
예정간접비배부율	₩86.998	₩89.45

* 기대전력소비량

생산부문A(20,000×1,000)	20,000,000(0.581)
생산부문B(28,800×500)	14,400,000(0.419)
기대전력소비량	34,400,000

4. 공장전체의 간접비 배부율

동력부문비	₩1,876,000
부문간접비	
생산부문A(250,000＋20×20,000)	650,000
생산부문B(350,000＋50×28,800)	1,790,000
총간접비	₩4,316,000
기대기계시간	48,800
시간당 배부율	₩88.44

5. 다양한 원가배부방법의 영향

1) 이중배부법

	작업 600	작업 700
생산부문A	90.35×500=₩45,175	90.35×300=₩27,105
생산부문B	87.12×300=₩26,136	87.12×500=₩43,560
총간접원가	₩71,311	₩70,665

2) 단일배부법

	작업 600	작업 700
생산부문A	86.998×500=₩43,499	86.998×300=₩26,099
생산부문B	89.45×300=₩26,835	89.45×500=₩44,725
총간접원가	₩70,344	₩70,824

3) 공장전체 배부법

	작업 600	작업 700
총간접원가	88.44×800=₩70,752	88.44×800=₩70,752

6. 이와 같은 의사결정문제에서 중요한 것은 앞에서 설정한 간접비 배부율은 본 문제에서는 적용되지 않는다는 것이다. 즉 고정비를 포함한 간접비 배부율은 이와 같은 의사결정문제에서는 적합하지 않다. 따라서 의사결정에 필요한 정보는 추가적인 주문을 수용함에 따라 발생하는 변동원가이다.

제품X의 단위당 원가

재료비				₩200
노무비				250
간접비				
생산부문A:				
시간당 부문간접비	₩20			
시간당 동력부문비	40	₩60×10 =	600	
생산부문B:				
시간당 부문간접비	₩50			
시간당 동력부문비	20*	70×20 =	1,400	2,000
단위당 총변동비				₩2,450

* (1시간×500kw)/1,000kw = 0.5, ₩40×0.5 = 20

∴ 주문수락시 증분수익	₩270,000
주문수락시 증분원가(2,450×100)	245,000
주문수락시 증분이익	₩25,000

문10 해답

〈자료정리〉

물량흐름과 완성품환산량 :

	물 량	당기완성품환산량	
		재료비	가공비
기초재공품	1,000 (0.6)		
당기투입량	23,580		
계	24,580		
기초재공완성	1,000	0	400
당기투입완성	19,000	19,000	19,000
정상공손*2	380 (0.5)	380	190
비정상공손*3	200 (0.5)	200	100
기말재공품	4,000 (0.25)	4,000	1,000
계	24,580	23,580	20,690

* 정상공손수량: 19,000개 × 2% = 380개

당기투입원가와 완성품환산량 단위원가 :

	재료비	가공비	합계
기초재공품			7,900
당기투입	70,740	175,865 *	215,570
총투입원가			223,470
완성품환산량	÷23,580	÷20,690	
완성품환산량 단위원가	3	8.5	

* 당기 가공비: ₩144,830+31,035 = ₩175,865

1. 보조부문비 배분액
   (1) 예정배부율 : (₩50,000/200,000시간)+₩0.25/시간 = ₩0.5/시간
   (2) 예정배부액 : (20,690 × 3시간) × 0.5 = ₩31,035

2. 완성품원가
   ₩7,900+19,000 × ₩3+19,400 × ₩8.5+(380 × ₩3+190 × ₩8.5) = 232,555

문11 해답

1.

상호배분법 적용을 위한 연립방정식

X = 14,000+0.25Y

Y = 20,000+0.2X

∴ X = 20,000 Y = 24,000

∴ 제조부문A에 배분될 보조부문원가

20,000×0.5+24,000×0.3 = ₩17,200

2.

	생산관리	동 력	수 선	제1공장	제2공장
부 문 비	2,000,000	900,000	1,100,000	3,800,000	3,200,000
생산관리	(2,000,000)	100,000	300,000	800,000	800,000
동 력		(1,000,000)	100,000	500,000	400,000
수 선			(1,500,000)	900,000	600,000
				6,000,000	5,000,000
				÷2,000	÷1,000
				₩3,000	₩5,000

화물선 배부액 : 제1공장 800시간×₩3,000 = 2,400,000

제2공장 400시간×₩5,000 = 2,000,000

4,400,000

3.

- 상호배분법 적용을 위한 연립방정식

  A = 160,000+8,000/16,000×B

  B = 80,000+400/1,000×A

  ∴ A = 250,000 B = 180,000

☞ 각 보조부문의 자가소비용역을 제외한 비율을 산정하여 연립방정식을 세운다.

- 조립부분에 배분될 보조부문원가

  250,000×200/1,000+180,000×4,000/16,000 = 95,000

4.

- 보조부문 S_1과 S_2의 총배부액을 각각 S_1과 S_2라 하면 다음 식이 성립한다.

  $S_1 \times 0.5 + S_2 \times 0.4 = 50,000$

  $S_1 \times 0.3 + S_2 \times 0.4 = 40,000$

  $\therefore\ S_1 = 50,000 \qquad S_2 = 62,500$

- 보조부문의 총배부액 S_1은 다음 금액으로 구성된다.

  $S_1 = X + 0.2S_2$

  $\therefore\ 50,000 = X + 0.2 \times 62,500$

  $\therefore\ X = 37,500$

5.

- 서비스 제공비율

	보조부문		제조부문	
	X	Y	A	B
X	−	0.4	0.2	0.4
Y	0.4	−	0.3	0.3

- 보조부문X부터 배부

	보조부문		제조부문	
	X	Y	A	B
부문원가	160,000	200,000		
X	(160,000)	64,000	32,000	64,000
Y		(264,000)	132,000	132,000
	0	0	164,000	196,000

- 보조부문Y부터 배부

	보조부문		제조부문	
	X	Y	A	B
부문원가	160,000	200,000		
X	(240,000)		80,000	160,000
Y	80,000	(200,000)	60,000	60,000
	0	0	140,000	220,000

- A에 배부되는 총보조부문원가 차이: 164,000−140,000=₩24,000

제 8 장 활동기준원가계산

문1 해답

1.

(1) 주문된 필름생산에 배부된 제조간접비 총액

활 동	활동별배부율	원가동인수	제조간접비 배부액
기계준비작업	₩2,000/준비횟수	4회	₩8,000
재료처리	₩2/파운드	10,000파운드	20,000
위험폐기물통제	₩5/파운드	2,000파운드	10,000
품질관리	₩75/검사횟수	10회	750
기타제조	₩10/기계시간	500시간	5,000
총액			₩43,750

(2) 필름 1상자당 제조간접비 배부액

43,750÷1,000 = ₩43.75/상자

2.

(1) 기계시간당 제조간접비 배부율

₩625,000÷20,000 = ₩31.25/기계시간

(2) 기계시간에 근거한 제조간접비 배부액

제조간접비 배부 총액 = 500기계시간×₩31.25 = ₩15,625

☞ 참고로 기계시간을 기준으로 제조간접비를 배부하는 경우 주문된 필름 1상자당 제조간접비 배부액은 다음과 같다.

1상자당 제조간접비 배부액 = ₩15,625÷1,000상자 = ₩15.625/상자

문2 해답

1. 제조간접비 예정배부율과 제품단위당 원가

(1) 제조간접비 예정배부율

$$\frac{20{,}000{,}000}{8{,}000\times800+50{,}000\times500} = \text{직접노무비의 } 64\%$$

(2) 단위당 제조원가

	전문가용	일반형
직접재료비	₩8,000	₩6,000
직접노무비	800	500
제조간접비	512	320
	₩9,312	₩6,820

2. 활동별 제조간접비 예정배부율

활 동	원가	원가동인수	예정배부율
매 입	₩4,000,000	800회	₩5,000/회
부품관리	₩10,000,000	200,000개	₩50/개
제품검사	₩6,000,000	1,500회	₩4,000/회

3. ABC를 이용한 제품 단위당 원가

(1) 단위당 제조간접비

	전문가용	일반형
매 입	₩1,500,000	₩2,500,000
부품관리	2,500,000	7,500,000
제품검사	2,000,000	4,000,000
합 계	₩6,000,000	14,000,000
생산량	8,000	50,000
단위당 제조간접비	₩750	₩280

(2) 단위당 제조원가

	전문가용	일반형
직접재료비	₩8,000	₩6,000
직접노무비	800	500
제조간접비	750	280
	₩9,550	₩6,780

문3 해답

1. 기존 시스템의 손익계산서

	리서치대행	경영자문
수 익	₩130,000	₩270,000
원 가	72,000*	168,000*
이 익	₩58,000	₩102,000
이익률	44.6%	37.8%

* 회사전체 원가배부율 : ₩240,000÷200건 = ₩1,200/건
리서치대행 : 60건×₩1,200 = 72,000
경영자문 : 140건×₩1,200 = 168,000

2. ABC 시스템의 손익계산서

(1) 활동별 간접비 배부율

활 동	원가	원가동인수	배부율
전산입력요원	₩80,000	84+36 = 120	₩666.7/시간
차량유지	₩48,000	400+200 = 600	₩80/km
인터넷사용	₩72,000	180+120 = 300	₩240/시간
전산시스템감가상각	₩40,000	600+200 = 800	₩50/시간

(2) 손익계산서

	리서치대행	경영자문
수 익	130,000	270,000
원 가		
전산입력요원급여	84×666.7 = 56,000	36×666.7 = 24,000

차량유지비	400×80 = 32,000	200×80 = 16,000
인터넷사용비	180×240 = 43,200	120×240 = 28,800
전산시스템감가상각비	600×50 = 30,000	200×50 = 10,000
이 익	(31,200)	191,200
이 익 률	−24%	70.81%

3. 의사결정시 활동기준원가계산의 역할
서강컨설팅은 원가회계시스템으로 활동기준원가회계시스템을 적용하자 기존 원가시스템에서는 경영자문보다 높은 이익률을 보이던 리서치대행업무가 활동기준하에서는 경영자문보다 훨씬 낮은 −24% 이익률을 보인다는 것을 알아냈다. 서강컨설팅은 경쟁력 제고를 위해 리서치대행업무를 포기하고 경영자문업무를 특화하는 것이 올바른 선택일 것이다.

문4 해답

〈자료정리〉

	표준형	고급형
묶음수	90,000장÷1,000장 = 90묶음	6,000장÷100장 = 60묶음
품질검사시간	90×10 = 900시간	60×10 = 600시간

1.

활 동	활동원가	원가동인수	배 부 율
노무감독	₩ 39,600,000	45,000+4,500 = 49,500	₩800/시간
구매주문	195,000,000	450+200 = 650	₩300,000/회
품질검사	395,400,000	900+600 = 1,500	₩239,600/회
계	₩594,000,000		

활 동	표 준 형		고 급 형	
노무감독	45,000×800 =	36,000,000	4,500×800 =	3,600,000
구매주문	450×300,000 =	135,000,000	200×300,000 =	60,000,000
품질검사	900×239,600 =	215,640,000	600×239,600 =	143,760,000

생산량	386,640,000	207,360,000
	÷ 90,000장	÷ 6,000장
	₩4,296	₩34,560

2.

	표 준 형	고 급 형
단위당 판매가격	₩20,000	₩60,000
단위당 직접재료비	4,000	20,000
단위당 직접노무비	4,000	6,000
단위당 제조간접비	4,296	34,560
단위당 매출총이익(손실)	7,704	(560)
단위당 판매관리비	1,000	2,000
단위당 이익	₩6,704	(₩2,560)

전통적인 배부기준으로 제조간접비를 배부하면 고급형이 수익성이 더 높지만 활동기준원가계산으로 제조간접비를 배부하면 표준형이 수익성이 높다.

3. 차이점

① 전통적인 원가계산에서는 제조간접비를 부문별로 집계한 후에 두 단계(two-stage) 배분절차를 걸쳐 제품에 배부하나 활동기준원가계산에서는 활동별로 원가를 집계한 후에 직접 제품에 배부한다.

② 전통적인 원가계산에서는 소수의 배부기준을 사용하나 활동기준원가계산에서는 다양한 배부기준을 사용한다.

③ 전통적인 원가계산에서는 배부기준으로 주로 재무적인 측정치를 사용하나 활동기준원가계산에서는 주로 비재무적인 측정치를 사용한다.

④ 전통적인 원가계산에서는 배부기준과 원가 발생원인간의 인과관계가 약하나 활동기준원가계산에서는 인과관계가 강하다.

4. 활동기준원가계산의 장점

① 원가의 추적가능성이 높아짐에 따라 보다 정확한 원가계산이 가능해 진다.

② 정확한 제품원가를 바탕으로 올바른 성과평가 및 의사결정이 가능하다.

③ 비부가가치활동를 제거함으로써 원가절감이 가능해 진다.

④ 제품구성의 변화에 따라 기존의 원가동인을 이용하여 신축적인 원가계산이 가능하다.

문5 해답

1.

(1) 전통적 원가계산

① 제조간접비 배부율

(₩1,000+800+1,200+1,000)/₩1,000 = ₩4

② 당기순이익과 이익률

	A 고객	B 고객	C 고객	합 계
매출액	₩3,500	₩2,750	₩2,500	₩8,750
원 가				
직접재료비	₩800	₩700	₩500	₩2,000
직접노무비	400	300	300	1,000
제조간접비배부액	1,600*	1,200	1,200	4,000
순이익	₩700	₩550	₩500	₩1,750
이익률	20%	20%	20%	20%

* ₩4×400 = ₩1,600

(2) 활동기준원가계산

① 제조간접비 배부율

기계가동/조립 (₩1,000+800)/1,000시간 = ₩1.8

마무리/선적 (₩1,200+1,000)/₩1,000 = ₩2.2

② 당기순이익과 이익률

	A 고객	B 고객	C 고객	합 계
매출액	₩3,500	₩2,750	₩2,500	₩8,750
원 가				
기초원가	₩1,200	₩1,000	₩800	₩3,000
제조간접비배부액				
기계가동/조립	1,080*	360	360	1,800
마무리/선적	880**	660	660	2,200
순이익	₩340	₩730	₩680	₩1,750
이익률	9.7%	26.5%	27.2%	20%

* ₩1.8×600시간 = ₩1,080

** ₩2.2×₩400 = ₩880

2. A 고객에의 판매여부

매출액	₩3,500
변동비	
기초원가	₩1,200
제조간접비	1,200*
공헌이익	₩1,100

* (₩500－₩300)＋(₩400－₩200)＋₩500＋₩300 ＝ ₩1,200

∴ 공헌이익 ₩0보다 크므로 A 고객에게 계속하여 제품을 판매하는 것이 유리하다.

3. 활동기준원가계산을 사용하는 경우 전통적 원가계산보다 정확한 제품원가계산이 가능해질 수 있으나 활동원가에 대한 원가동인이 객관적으로 명확하지 않으면 활동기준원가계산에 의하여 고객별 이익률이 달라질 수 있기 때문에 고객 담당 부서에서는 이를 꺼려할 것이다.

문6 해답

1. ABC하에서의 각 제품별 제조간접비

	갑 제 품		을 제 품	
작업준비활동	5,000개/500개×16H×₩500 ＝	₩80,000	2,500개/250개×10H×₩500＝	₩50,000
시험활동	5,000개×3H×₩40 ＝	600,000	2,500개×4H×₩40＝	400,000
엔지니어링활동		180,000		134,000
포장활동	5,000개×₩120 ＝	600,000	2,500개×₩120＝	300,000
		₩1,460,000		₩884,000

2. ABC하에서 제품별 단위당 전부원가

	갑 제 품		을 제 품	
직접재료비	₩1,550,000/5,000개＝	₩310	₩1,200,000/2,500개＝	₩480
직접노무비	1,000,000/5,000개＝	200	675,000/2,500개＝	270
직접기계작동원가	160,000/5,000개＝	32	215,000/2,500개＝	86
제조간접비	1,460,000/5,000개＝	292	884,000/2,500개＝	353.6
계		₩834		₩1,189.6

3. ABC하에서의 제품별 매출총이익

	갑 제 품		을 제 품	
단위당 매출총이익	₩1,000－₩834＝	₩166	₩1,400－₩1,189.6＝	₩210.4
총 매출총이익	₩166×5,000개＝₩830,000		₩210.4×2,500개＝₩526,000	

∴ ABC에 의하여 갑제품의 매출총이익이 을제품보다 ₩304,000만큼 크다.

4. 병제품의 단위당 원가절감액

	단위당 원가절감액
직접재료비	₩35
직접노무비	10
제조간접비*	44
계	₩89

* 작업준비동	5,000개/500개×4시간×₩500 ＝	₩20,000
시험활동	5,000개×1시간×₩40 ＝	200,000
계		₩220,000

∴ 단위당 제조간접비 절감액 ₩220,000/5,000개 ＝ ₩44

∴ 단위당 원가절감목표액 ₩80을 달성한다.

문7 해답

1.

(1) 보조부문원가 배부율 ＝ 360,000/60,000 ＝ 6

보조부분원가의 제조부문에의 배분

기계부문 : 52,000×6 ＝ 312,000

조립부문 : 8,000×6 ＝ 48,000

(2) 제조부문원가 배부율

기계부문 : (192,000＋312,000)÷28,000 ＝ 18

조립부문 : (168,000＋48,000) ÷ 8,000 ＝ 27

(3) 제조부문원가의 제품에의 배부

표준형 : 15,000×18＋3,000×27 ＝ 351,000

고급형 : 13,000×18＋5,000×27 ＝ 369,000

(4) 단위당 제품원가

	표준형		고급형	
DM		0.80		1.1
DL	18,000×10÷300,000 =	0.60	18,000×10÷200,000 =	0.9
OH	351,000÷300,000 =	1.17	369,000÷200,000 =	1.845
계		2.57		3.845

2.

(1) 원가동인수의 계산

	표준형	고급형	계
기계부문DLH	15,000	13,000	28,000
조립부문DLH	3,000	5,000	8,000
작업준비시간	60×3 = 180	100×5 = 500	680
주문횟수	300,000÷5,000 = 60	200,000÷2,000 = 100	160

(2) 제조간접원가의 배분

원가동인	원가집계	원가동인수	배부율	표준형	고급형
기계부문DLH	112,000	28,000	4	60,000	52,000
조립부문DLH	96,000	8,000	12	36,000	60,000
작업준비시간	272,000	680	400	72,000	200,000
주문회수	240,000	160	1,500	90,000	150,000
				258,000	462,000

(3) 단위당 제품원가

	표준형		고급형	
DM		0.80		1.1
DL	18,000×10÷300,000 =	0.60	18,000×10÷200,000 =	0.9
OH	258,000÷300,000 =	0.86	462,000÷200,000 =	2.31
계		2.26		4.31

3. 제품별 순이익

(1) 판매관리비

표준형 : 1,200,000×5%+50,000+180,000×50% = 200,000

고급형 : 1,200,000×10%+90,000+180,000×50% = 300,000

(2) 순이익

	표준형		고급형	
매 출		1,200,000		1,200,000
매출원가	300,000×2.26 =	678,000	200,000×4.31 =	862,000
매출총이익		522,000		338,000
판매관리비		200,000		300,000
순 이 익		322,000		38,000

4. 원가왜곡

기존의 원가계산시스템에서는 직접노동시간을 기준으로 제조간접비를 제품에 배분하였다. 부문별로 제품에 제공하는 직접노동시간의 비율은 다르지만 총시간은 같고 실제로 배부된 금액도 비슷하다. 즉, 표준형에 ₩351,000 배분되고 고급형에 ₩369,000 배분되었다. 그러나 활동기준원가계산을 적용하면 두 제품간에 원가동인수에 차이가 많이 나므로 배분되는 금액에 차이가 크다. 예를 들어 작업준비시간은 표준형이 180시간인데 비하여 고급형은 500시간이고, 주문횟수도 표준형은 60회인데 고급형은 100회이다. 이에 기초하여 제조간접비를 배부하면 고급형에 훨씬 많은 금액이 배분된다. 또한 기존의 원가계산시스템에서는 판매관리비를 균등하게 배분하였으나 활동기준원가계산에서는 2:3으로 배분한다.

5. 수익성 분석과 개선안

(1) 수익성 분석

	표준형	고급형
순이익률	322,000÷1,200,000 = 26.8%	38,000÷1,200,000 = 3.2%

기존의 원가계산시스템에서는 고급형의 수익성이 더 좋은 것으로 나오나 활동기준원가계산에서는 표준형의 수익성이 더 좋은 것으로 분석된다. 이는 그 동안의 원가계산이 부정확하여 이를 기초로 잘못된 가격결정을 하여 고급형은 저가로 판매되어 판매가 증가하였고 표준형은 고가로 판매되어 판매가 감소되었다.

(2) 개선안

수익성개선을 위하여 먼저 적정한 가격결정을 하여야 한다. 고급형의 판매관리비가 표준형에 비하여 과다하게 발생하고 있으므로 이를 감소시켜야 한다. 장기적인 측면에서는 가치분석과 재설계 등을 통하여 활동량을 줄일 수 있는 방안을 모색하여야 한다.

문8 해답

1.

(1) 활동별 제조간접비배부율

주문	: 7,000/10회	= 주문 횟수당 ₩700
작업준비	: 9,000/10시간	= 작업준비시간당 ₩900
부품처리	: 12,000/150개	= 부품수당 ₩80
재작업	: 30,000/60개	= 재작업수량당 ₩500

(2) 단위당 제조원가

직접재료비				₩30,000
직접노무원가				36,000
제조간접비				
기계가동			₩12,000	
주문	6회×@₩700	=	4,200	
작업준비	5시간×@₩900	=	4,500	
부품처리	100개×@₩80	=	8,000	
검사	₩24,000×75%	=	18,000	
재작업	30개×@₩500	=	15,000	61,700
총제조원가				₩127,700
생산량				÷600개
단위당 제조원가				@₩212.83

2. 목표원가 달성

	설계변경전	설계변경후
총제조원가	₩160,000	₩127,700

생산량	÷600개	÷600개
단위당 제조원가	@₩266.67	@₩212.83

13% 절감시 목표원가=₩266.67×0.87=₩232

∴ 설계변경후 단위당 원가 목표원가 ₩232보다 ₩19.17 낮은 ₩212.83이므로 목표를 초과달성하였다

3.

최근에 생산기술의 발달, 제조과정의 자동화 및 기계설비의 대형화로 인하여 제조단계에서 사후적으로 원가절감을 할 여지가 거의 없어졌고, 제품수명주기원가의 대부분이 제조이전단계에서 확정되므로 제품설계단계에서 가치공학(value engineering)과정 등을 통한 원가절감노력은 제조단계나 제조이후 단계의 원가(예를 들면, 고객서비스)발생에 보다 큰 영향을 미치기 때문이다. 따라서 제품설계 단계에서부터 고객이 요구하는 가격, 품질, 성능을 감안하여 목표원가를 설정하여 사전적으로 원가절감노력을 기울이는 것이 더 효과적이라 할 수 있다.

4. ABC가 효과적인 환경

· 다품종 소량생산체제와 같이 제품이 매우 다양한 경우
· 원가요소 중 제조간접비의 비중이 큰 경우
· 제품별로 조업도, 롯트, 크기, 제조과정의 복잡성이 매우 상이한 경우
· 제품별로 구매주문, 작업준비, 품질검사 등 활동의 다양성이 매우 상이한 경우

문9 해답

1.

공정전체 제조간접비배부율

₩120,000/(3,000×2+400×3) = ₩16.67/시간

2.

(1) P−1의 단위당 제조원가 = ₩180,000/3,000 = ₩60

단위당 직접재료비를 X라 하면,

X+2×₩4.1675+2×₩16.67 = ₩60

∴ X = ₩18.325

(2) P−2의 단위당 제조원가 = ₩35,000/500 = ₩70

단위당 직접재료비를 Y라 하면,

Y+3×₩4.1675+3×₩16.67 = ₩70

∴ Y = ₩7.4875

3. ABC하의 단위당 제조원가

(1) 제품별 제조간접비

활동	활동별 배부율	P−1	P−2
A	₩30,000/1,500 = ₩20	₩10,000*	₩20,000**
B	20,000/1,000 = 20	10,000	10,000
C	20,000/2,000 = 10	5,000	15,000
D	35,000/2,000 = 17.5	26,250	8,750
E	15,000/1,000 = 15	11,250	3,750
		₩62,500	₩57,500

* 500×₩20

** 1,000×₩20

(2) 단위당 제조간접비 및 제조원가

	P−1		P−2	
직접재료비		₩18.325		₩7.4875
직접노무비		8.335		12.5025
제조간접비	₩62,500÷3,000 =	20.830	₩57,500÷400 =	143.7500
		₩47.490		₩163.7400

4. 단위당 원가가 다른 이유

전통적 원가계산에서는 노동시간을 기준으로 P-1과 P-2에 6,000시간 : 1,200시간의 비율 즉, 5 : 1의 비율로 제조간접비를 배부한다. 반면 ABC에서는 각 활동별로 A활동원가는 1 : 2, B활동원가는 1 : 1, C활동원가는 1 : 3, D활동원가는 3 : 1 그리고 E활동원가는 3 : 1의 비율로 P-1과 P-2에 각각 배분한다. 따라서 전통적 원가계산에 비하여 ABC를 적용하면 P-1의 원가는 감소하고, P-2의 원가는 증가한다.

5. P-2의 수익성에 의문을 제기할 수 있는 근거

(1) P−2 제품의 가격경쟁력은 저하되고 있음

(2) 생산시스템의 변화로 제조간접비는 기존의 노동지향적인 작업환경의 척도로는 원가동인을 반영하지 못함

(3) P－1 제품의 가격이 너무 낮아 경쟁사들이 생산을 포기함

6. 원가동인으로서의 '처리건수'의 타당성
위 활동을 조업도에 비례하는 단위수준활동(직접노동시간)과는 다른 원가동인을 갖는 배치수준활동(Batch-related activity)이며, 신기계의 도입 등 생산시스템의 변화로 기존의 단위수준과는 다른 '처리건수'가 합리적인 원가동인이 된다.

해설

전통시스템에 의한 제조원가 왜곡액은 다음과 같다.

	P－1	P－2
전통시스템의 단위당 제조원가	₩60.00	₩70.00
ABC의 단위당 제조원가	47.49	163.74
단위당 원가차이	₩12.51	₩(93.74)
생산량	× 3,000개	× 400개
제품별 제조원가 왜곡액	₩37,530	(₩37,496)
	(과대계상)	(과소계상)

문10 해답

1.

	원가	원가동인	배부율	X제품
변경전	12,000	14+6 = 20	600	8,400
변경후	12,000	1,000×1+1,000×2 = 3,000	4	4,000

∴ 배부기준을 변경하면 X제품에 ₩4,400 과소배부된다.

2.

- 활동별 배부율
  생산준비 : 20,000÷1,000시간 = ₩20
  재료처리 : 30,000÷2,000회 = ₩15
  기계사용 : 500,000÷20,000시간 = ₩25

품질관리 : 100,000÷12,500회 = ₩8
수선유지 : 40,000÷20,000시간 = ₩2

- 작업 A의 총원가

기초원가		₩300,000
제조간접비		
생산준비	30시간×₩20 =	600
재료처리	56회×₩15 =	840
기계사용	4,000시간×₩25 =	100,000
품질관리	70회×₩8 =	560
수선유지	4,000시간×₩2 =	8,000
		₩410,000

3.

활동	원가	원가동인	배부율	제품A	제품B
기계가동	84,000	5,000	16.8	33,600	50,400
엔지니어링	60,000	1,200	50.0	25,000	35,000
품질검사	41,000	25	1,640.0	16,400	24,600
	185,000			75,000	110,000

4.

- 매출총이익 : 500,000×(1−0.8) = 100,000
- 주문 · 고객원가 : (300×70) + (300×70%×100) + (140×450)+80,000 = 185,000

∴ 고객 A의 이익(손실) : 100,000−185,000 = (85,000)

5.

- 총절감원가

기계가동원가 절감	100,000×0.2 =	−20,000
작업준비원가 절감	50,000×0.25 =	−12,500
검사원가 증가	100,000×0.2 =	+20,000
재작업원가 절감	100,000×0.2 =	−20,000
		−32,500

- 단위당 절감원가 : 32,500/100 = 325

문11 해답

1.

(1) 제조간접비 배부율: $\dfrac{450,000}{12,000\times0.8+2,000\times0.2}=45$

(2) 제품단위당 원가

	갑제품		을제품	
직접재료비		40		20
직접노무비	10×0.8=	8	10×0.2=	2
제조간접비	45×0.8=	36	45×0.2=	9
단위당 원가		84		31

2.

(1) 제조간접비 배부율

- 변 동 비: $\dfrac{30,000}{12,000\times0.8+2,000\times0.2}=3$
- 부품관리비: $\dfrac{240,000}{10+10}=12,000$
- 작업준비비: $\dfrac{180,000}{12+18}=6,000$

(2) 제품단위당 원가

	갑제품		을제품	
직접재료비		40		20
직접노무비	10×0.8=	8	10×0.2=	2
제조간접비				
• 변 동 비	0.8×3 =	2.4	0.2×3=	0.6
• 부품관리비	10×12,000÷12,000=	10	10×12,000÷2,000=	60
• 작업준비비	12×6,000÷12,000=	6	18×6,000÷2,000=	54
단위당 원가		66.4		136.6

3.

(1)

- 갑제품 단위당 영업이익: 100−84=16

을제품 단위당 영업이익: 250－31＝219

- 세후영업이익: (11,000×16＋2,000×219)×(1－0.3)＝429,800

(2)

- 갑제품 단위당 영업이익: 100－66.4＝33.6
  을제품 단위당 영업이익: 250－136.6＝113.4
- 세후영업이익: (11,000×33.6＋2,000×113.4)×(1－0.3)＝417,480

4. 기초재고자산이 없는 상황에서 판매가격와 총제조원가가 동일하므로 기말재고자산의 차이만큼 영업이익에 차이가 발생한다. 따라서 기말재고자산인 갑제품 1,000개의 원가를 작게 인식하는 B방법을 사용하면 법인세가 ₩5,280만큼 감소한다.

   계산근거: 1,000개×(84－66.4)×0.3＝5,280

   〈검산〉

A방법 법인세	(11,000×16＋2,000×219)×0.3＝	184,200
B방법 법인세	(11,000×33.6＋2,000×113.4)×0.3＝	178,920
법인세 차이		5,280

5. 기초재고자산, 판매가격 및 총제조원가가 동일하므로 기말재고자산의 차이만큼 영업이익에 차이가 발생한다. 따라서 기말재고자산인 을제품 500개의 원가를 작게 인식하는 A방법을 사용하면 법인세가 ₩15,840만큼 감소한다.

   계산근거: 500개×(136.6－31)×0.3＝15,840

   〈검산〉

A방법 법인세	(1,000×33.6＋12,000×16＋1,500×219)×0.3＝	166,230
B방법 법인세	(1,000×33.6＋12,000×33.6＋1,500×113.4)×0.3＝	182,070
법인세 차이		15,840

제 9 장 원가행태분석

문1 해답

1.

(1) 20×6년 제조원가의 분류

계정과목	총제조원가	변동비율	변동원가	고정원가	단위당변동비
직접재료비	600,000	100%	600,000	0	4.00
직접노무비	450,000	100%	450,000	0	3.00
동력비	75,000	100%	75,000	0	0.50
감독자 노무비	112,500	20%	22,500	90,000	0.15
재료조달 노무비	120,000	50%	60,000	60,000	0.40
수선유지 노무비	150,000	40%	60,000	90,000	0.40
감가상각비	95,000	0%	0	95,000	0.00
임차료/재산세/관리비	100,000	0%	0	100,000	0.00
합 계	1,702,500	—	1,267,500	435,000	8.45

(2) 20×7년 변동원가

계정과목	20×6년 단위당 변동비	증감률	단위당 변동비 증감	20×7년 단위당 변동비	20×7년 총변동비
직접재료비	4.00	5%	0.20	4.20	672,000
직접노무비	3.00	10%	0.30	3.30	528,000
동력비	0.50	0%	0	0.50	80,000
감독자 노무비	0.15	0%	0	0.15	24,000
재료조달 노무비	0.40	0%	0	0.40	64,000
수선유지 노무비	0.40	0%	0	0.40	64,000
감가상각비	0	0%	0	0	0

임차료/재산세/관리비	0	0%	0	0	0
합　계	8.45	–	0.50	8.95	1,432,000

(3) 20×7년 고정비 및 총원가

계정과목	20×6년 고정비	증감률	증감액	20×7년 고정비	20×7년 총변동비	20×7년 총원가
직접재료비	₩0	0%	₩0	₩0	₩672,000	₩672,000
직접노무비	0	0%	0	0	528,000	528,000
동력비	0	0%	0	0	80,000	80,000
감독자 노무비	90,000	0%	0	90,000	24,000	114,000
재료조달 노무비	60,000	0%	0	60,000	64,000	124,000
수선유지 노무비	90,000	0%	0	90,000	64,000	154,000
감가상각비	95,000	5%	4,750	99,750	0	99,750
임차료, 재산세 및 관리비	100,000	7%	7,000	107,000	0	107,000
합　계	₩435,000	–	₩11,750	₩446,750	₩1,432,000	₩1,878,750

2.

(1) 20×6년 총단위당 제조원가 $=\dfrac{1,702,500}{150,000}=$ ₩11.35

(2) 20×7년 총단위당 제조원가 $=\dfrac{1,878,750}{160,000}=$ ₩11.74

문2 해답

1.

변동비

작업자 노무원가		₩2,400,000
세제 및 용수		600,000
전기요금	800,000−80,000 =	720,000
		₩3,720,000

고정비

전기요금	₩ 80,000
감가상각비	560,000
감독자 급여	300,000

출납직원 급여	400,000×0.4=	160,000
		₩1,100,000

2. 대당 변동비=3,720,000÷8,000=₩465
   총원가(y)=1,100,000+465x

3. 총원가(y)=1,100,000+(465×10,000)=₩5,750,000

4. 20×1년 평균원가$=\frac{3,720,000+1,100,000}{8,000}=\frac{4,820,000}{8,000}=$₩602.5

   20×2년 평균원가$=\frac{5,750,000}{10,000}=$₩575

5. 고정비는 관련범위 내에서 일정액이 발생하기 때문에 조업도가 증가하면 단위당 고정비는 감소한다. 20×2년에 조업도 수준이 10,000단위로 증가하면 단위당 고정비의 감소로 인하여 단위당 평균원가는 감소한다.

문3 해답

1. 원가함수 추정
   고점 : 9월 (420시간, ₩10,950)
   저점 : 12월 (270시간, ₩ 7,950)
   Y=a+bX
   b = $\frac{₩10,950-₩7,950}{420-270}$ = ₩20
   a = ₩10,950−₩20×420 = ₩2,550
   원가함수 : Y = ₩2,550+₩20X

2. 20×7년의 예상제조간접비
   예상제조간접비 = ₩2,550+₩20×430시간 = ₩11,150

3. 원가함수식 추정
   $\overline{X}$= 4,150/12 = 346시간

$\overline{Y}$=109,680/12 = ₩9,140

월별	기계사용시간(X)	제조간접비(Y)	XY	X^2
1	350	₩9,000	3,150,000	122,500
2	340	8,450	2,873,000	115,600
3	320	7,560	2,419,200	102,400
4	380	10,500	3,990,000	144,400
5	350	9,600	3,360,000	122,500
6	400	10,200	4,080,000	160,000
7	320	8,900	2,848,000	102,400
8	300	8,400	2,520,000	90,000
9	420	10,950	4,599,000	176,400
10	360	9,520	3,427,200	129,600
1	340	8,650	2,941,000	115,600
12	270	7,950	2,146,500	72,900
합계	4,150	₩109,680	38,353,900	1,454,300

$$b = \frac{\Sigma XY - \overline{X}\Sigma Y}{\Sigma X^2 - \overline{X}\Sigma X} = \frac{38,353,900 - 346 \times 109,680}{1,454,300 - 346 \times 4,150}$$

$= 21.99$

a = ₩9,140−(21.99×346)

= ₩1,531.46

4. 20×7년의 예상제조간접비

제조간접비 = ₩1,531.46+21.99×430 = ₩10,987.16

문4 해답

(1) 고저점법에 의한 제조간접비의 원가행태 분류

b = (y2−y1)/(x2−x1) = (₩345,000,000−₩300,000,000)/(2,760,000−2,160,000)

= ₩75

a = ₩300,000,000−(₩75)(2,160,000) = ₩138,000,000

∴ Y = ₩138,000,000+₩75X

(2) 20×8년 기준조업도(2,300,000)하의 제조간접비 예산추정액

$Y = ₩75(2,300,000) + ₩138,000,000 = ₩310,500,000$

(3) 예정제조간접비 배부율

= 제조간접비예산/기준조업도

= ₩310,500,000/2,300,000직접노동시간 = ₩135/직접노동시간

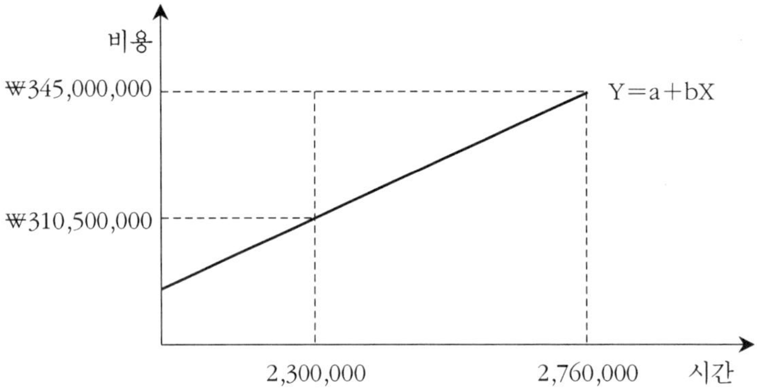

문5 해답

1. 고저점법에 의한 추정식

$$b = \frac{₩403,000 - ₩270,000}{5,400 - 3,500} = ₩70$$

$a = ₩403,000 - ₩70 \times 5,400 = ₩25,000$

$\therefore\ y = ₩25,000 + ₩70x$

2. $y = ₩25,000 + ₩70 \times 5,900$

$= ₩438,000$

3. 말할 수 없다.

₩25,000은 단지 주어진 자료에 의해 나온 추정치로서 x = 0일 때 나오는 y의 절편으로서 상수에 불과하다. 즉 관련범위가 0의 조업도를 포함하는 경우는 없으므로 ₩25,000은 고정제조간접비를 의미하지 않는다.

4. 20×7년 제조간접비예산 = ₩25,000×12+₩70×20,000=₩1,700,000

$$\text{제조간접비 예정배부율} = \frac{\text{연간 제조간접비예산}}{\text{연간예산조업도}}$$

$$= \frac{₩1,700,000}{20,000}$$

$$= ₩85/\text{직접노동시간}\left(\text{또는 } \frac{₩300,000}{20,000} + ₩70 = ₩85\right)$$

문6 해답

1.

$$\text{선형원가함수의 기울기} = \frac{\text{원가차이}}{\text{노동시간차이}} = \frac{₩1,350,000 - ₩750,000}{12,000 - 6,000} = ₩100$$

$$\text{상수항} = ₩1,350,000 - ₩100 \times 12,000\text{시간} = ₩150,000$$

☞ 원가함수의 상수항은 청운법률사무소의 고정비를 나타내지 않는다. 다만 원가함수의 상수항은 전문노동시간이 4,500에서 13,500시간인 관련범위 내에서 원가를 추정할 때 직선상의 출발점의 역할을 제공한다.

2. 실제간접비와 선형원가함수에 의해 추정된 간접비의 차이

	4,500	6,000	7,500	9,000	10,500	12,000	13,500
실제간접비	580,000	750,000	10,000	1,030,000	1,180,000	1,350,000	1,520,000
추정간접비	600,000	750,000	900,000	1,050,000	1,200,000	1,350,000	1,500,000
차 이	(20,000)	0	10,000	(20,000)	(20,000)	0	20,000

3. 특수주문에 대한 의사결정

	실제간접비 기준	추정간접비 기준
증분간접비 차감전 공헌이익	₩130,000	₩130,000
증분간접비	120,000	150,000
증분간접비 차감후 공헌이익	₩10,000	₩(20,000)

∴ 주문을 거절함으로써 실제 손해보는 공헌이익 = ₩10,000

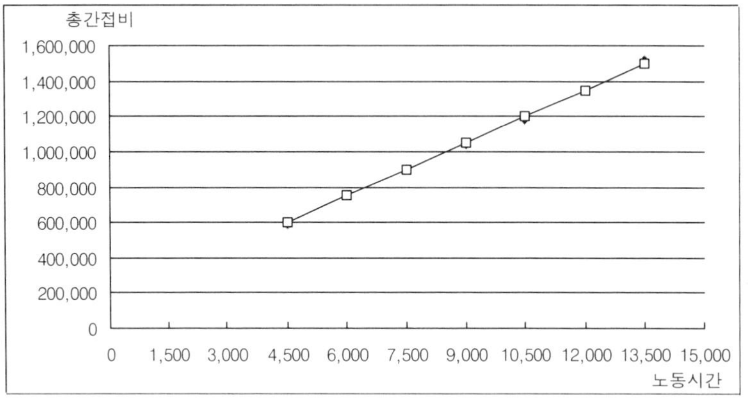

문7 해답

1.

최고점 : 20×1년 (504단위, ₩24,020)

최저점 : 20×5년 (320단위, ₩21,660)

$$b = \frac{₩24,020 - ₩21,660}{504 - 320} = ₩12.826$$

$$a = ₩24,020 - ₩12.826 \times 504 = ₩17,555.696$$

$$\therefore\ y = ₩17,555.696 + ₩12.826x$$

2.

연도	수정전 제조원가	수정계수	수정후 제조원가
20×1	₩24,020	$\frac{1}{.75}$	₩32,026.667
20×2	23,460	$\frac{1}{.77}$	30,467.532
20×3	23,480	$\frac{1}{.80}$	29,350
20×4	23,040	$\frac{1}{.93}$	24,774.194
20×5	21,660	1	21,660

3. $b = \dfrac{₩32{,}026.667 - ₩21{,}660}{504 - 320} = ₩56.341$

$a = ₩21{,}660 - ₩56.341 \times 320 = ₩3{,}630.88$

$\therefore\ y = ₩3{,}630.88 + ₩56.341x$

4. 인플레이션을 전혀 고려하지 않은 관계로 제조원가가 동일한 구매력으로 표시되어 있지 않다. 따라서 원가함수를 왜곡시키며, 그러한 모순점을 막기 위해서는 인플레이션이 적은 기간으로부터 추출된 관찰치를 이용하든지, 또는 제조원가를 동일한 구매력으로 표시하면 된다.

문8 해답

1. (1) 간접비와 강좌수 사이의 관계를 산포도로 나타내면 다음과 같다.

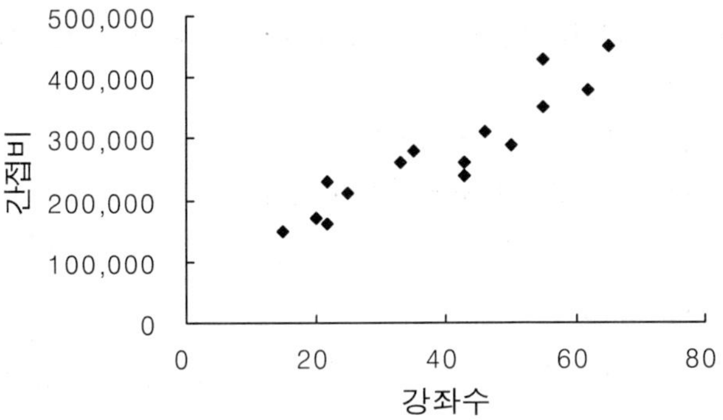

(2) 간접비와 학생수와의 관계를 산포도로 나타내면 다음과 같다.

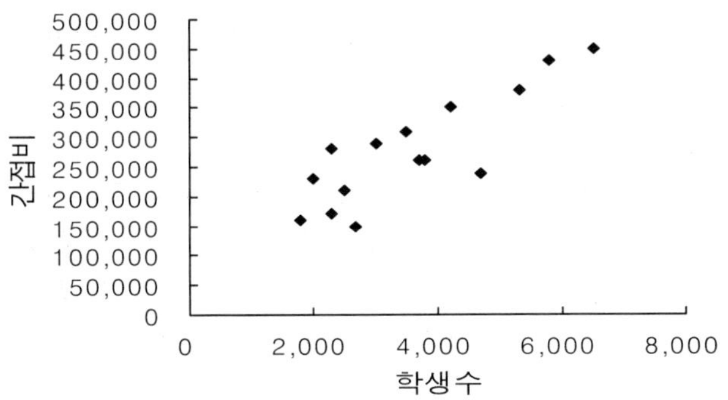

2. 예측모형의 우수성

단순회귀분석 결과를 바탕으로 두 가지 예측모형의 우수성을 판단하기에는 어려움이 있으나, 전반적으로 독립변수로 강좌수를 사용하는 모형1이 다소 우수한 것으로 판단된다. 그 이유는 다음과 같다.

첫째, 모형의 설명력을 나타내는 R_2가 모형1이 0.86으로 모형2의 0.73에 비해 높다.

둘째, 모형1의 t－값이 모형2의 t－값에 비해 높다.

다만, 독립변수의 잔차항의 계열상관을 나타내는 더빈－왓슨값은 모형2가 모형1에 비해 우수한 편이다. 그러나 모형1의 더빈－왓슨값도 아주 나쁜 것은 아니다.

이와 같은 분석결과를 종합해 보면 모형1이 모형2에 다소 우수한 것으로 판단할 수 있다. 따라서 간접비를 추정하기 위해서는 학생수보다는 개설되는 강좌수가 중요한 영향을 미치는 것으로 판단된다.

3.

(1) 모형3의 평가

- 간접비와 강좌수 및 학생수 사이에는 경제적으로 신뢰할 만한 양의 관계를 가지고 있다.
- 모형의 설명력을 나타내는 R_2는 0.88로 단순회귀분석에 비해 다소 높은 편이다.
- 독립변수의 유의성
  강좌수: t－값이 3.696으로 유의적임
  학생수: t－값이 1.173으로 유의적이지 않음
- 더빈－왓슨값은 1.7로 양호한 것으로 판단됨.

(2) 다중회귀분석의 선택

- 단순회귀분석과 다중회귀분석 모두 간접비의 예측모형으로 경제적 신뢰성을 갖는 것으로 판단된다.
- 모형의 설명력을 나타내는 R_2는 다중회귀분석이 가장 높으나, 강좌수를 독립변수로 하는 단순회귀모형과 큰 차이가 없다.
- 각 변수의 유의성에서는 다중회귀분석의 경우 학생수가 유의성이 없는 것으로 나타났다.

결론적으로 강좌수를 독립변수로 하는 단순회귀분석 모형(모형1)과 다중회귀분석 모형(모형3)간의 우수성을 명확하게 규정할 수는 없지만 다중회귀분석의 경우 학생수 변수의 계수값에 유의성이 떨어지기 때문에 다소 문제가 있다.

따라서 강좌수를 독립변수로 사용하는 단순회귀분석 모형이 보다 우수한 것으로 판단된다.

문9 해답

1.

고점(34,000시간, ₩610,000)

저점(31,000시간, ₩586,000)

$b = \dfrac{610{,}000-586{,}000}{34{,}000-31{,}000} = 8$

$a = 610{,}000-34{,}000\times 8 = 338{,}000$

$y = 338{,}000+8\times 32{,}375 = 597{,}000$

2.

- 제조간접비 총액:
  낮은 경우 ₩575,000－25,000×(₩5+6) = ₩300,000
  높은 경우 ₩680,000－30,000×(₩5+6) = ₩350,000
- 고저점법에서 b = (₩350,000－300,000)÷(30,000－25,000) = ₩10
- 고점에 대입하면 a = ₩350,000－10×30,000 = ₩50,000

∴ $y = 50{,}000+10x$

3.

직접재료비	₩1,000×10,000개 =	₩10,000,000
직접노무비	10,000개×2시간×₩100 =	2,000,000
제조간접비		
작업준비비	10,000개÷200개×₩30,000 =	1,500,000
동 력 비	50회×3시간×₩1,500 =	225,000
조립작업비	20,000시간×₩200 =	4,000,000
기 타	₩200,000×12 =	2,400,000
		₩20,125,000

4.

- $b = \dfrac{70{,}000{,}000+50{,}000{,}000}{2{,}000-1{,}000} = 20{,}000$
- $50{,}000{,}000 = a+1{,}000\times 20{,}000 \quad \therefore\ a = 30{,}000{,}000$
- $y = 30{,}000{,}000+20{,}000x$
- $y' = 30{,}000{,}000\times 1.2+20{,}000\times 0.7\times 3{,}000 = 78{,}000{,}000$

제10장 원가·조업도·이익 분석

문1 해답

1. 단위당 판매가격: X

   총변동원가 = ₩2,250,000 + ₩1,500,000 + ₩1,200,000 + ₩750,000 = ₩5,700,000

   단위당 변동원가 = ₩5,700,000/150,000 = @₩38

   매출액 = 변동비 + 고정비 + 매출액 × 15%

   150,000 × X = 150,000 × ₩38 + ₩3,225,000 + 150,000 × X × 0.15

   127,500 × X = ₩8,925,000

   X = ₩70

2. 목표이익을 달성하기 위한 판매수량: X

   ₩80 × X = ₩38 × X + ₩3,225,000 + ₩80 × X × 15%

   ₩30 × X = ₩3,225,000

   X = 107,500단위

문2 해답

1. 손익분기점 매출액

   공헌이익률 = (₩25 − ₩15)/₩25 = 40%

   손익분기점 매출액 = ₩400,000/0.4 = ₩1,000,000

2. 법인세차감후 순이익

매출액		₩ 1,500,000
변동제조원가	60,000×₩15 =	900,000
공헌이익		₩600,000
고정비		
고정제조간접비	₩250,000	
고정판매비와 관리비	150,000	400,000
법인제차감전 순이익		₩200,000
법인세비용	₩200,000×0.3 =	60,000
법인세차감후 순이익		₩140,000

3. 최대지출 광고비

매출액 = 변동제조원가+고정비+세전목표순이익

90,000×₩25×0.9 = 90,000×₩15+(₩400,000+x)+₩200,000

x = 75,000

혹은

단위당 판매가격 = ₩25×0.9 = ₩22.5

단위당 공헌이익 = ₩22.5−₩15 = ₩7.5

목표세후순이익 = ₩140,000

세전목표순이익 = ₩140,000/(1−0.3) = ₩200,000

공헌이익 = 고정비(기존고정비+추가광고비)+세전목표이익

90,000×₩7.5 = ₩400,000+x+₩200,000

x = ₩75,000

∴ 서강(주)는 광고비로 최대 ₩75,000까지 지출할 수 있다.

문3 해답

1. $\text{손익분기점 매출액} = \dfrac{\text{고정비}}{\text{공헌이익률}} = \dfrac{\text{고정비}}{\dfrac{\text{공헌이익}}{\text{판매가격}-\text{단위당변동비}}}$

$$= \frac{₩2,500,000}{\frac{₩2,000}{₩5,000-₩3,000}} = ₩6,250,000$$

손익분기점 매출량 = ₩6,250,000÷₩5,000 = 1,250단위

2. 손익분기점 매출액 $= \frac{\text{고정비}+\text{세전이익}}{\text{공헌이익률}} = \frac{\text{고정비}}{\frac{\text{공헌이익}}{\text{판매가격}-\text{단위당변동비}}}$

$$= \frac{₩2,500,000+₩1,200,000}{\frac{₩2,000}{₩5,000-₩3,000}} = ₩9,250,000$$

손익분기점 매출량 = ₩9,250,000÷₩5,000 = 1,850단위

3. 안전한계 = 실제매출액−손익분기점 매출액
= ₩7,500,000−₩6,250,000 = ₩1,250,000

안전한계율 $= \frac{\text{실제매출액}-\text{손익분기점 매출액}}{\text{실제매출액}} = \frac{\text{안전한계}}{\text{실제매출액}}$

$$= \frac{₩7,500,000-₩6,250,000}{₩7,500,000} = \frac{₩1,250,000}{₩7,500,000} = 16.67\%$$

4. 7월의 매출액 = ₩7,500,000×1.1 = ₩8,250,000
공헌이익 = ₩8,250,000×0.4 = ₩3,300,000
순이익 = ₩3,300,000−₩2,500,000 = ₩800,000

문4 해답

1. 손익분기점 매출액
공헌이익률 = ₩2,000,000/₩5,000,000 = 40%
손익분기점 매출액 = 고정비/공헌이익률
= ₩1,200,000/0.4 = ₩3,000,000

2. 안전한계비율 = 안전한계/매출액
= (₩5,000,000−₩3,000,000)/₩5,000,000
= 40%

3. 영업레버리지정도 = 공헌이익/영업이익
= ₩2,000,000/₩800,000
= 2.5

4. 20×8년의 순이익 증가율
순이익증가율 = 영업레버리지정도×매출액증가율
= 2.5×30% = 75%

문5 해답

1. A회사: 6Q−300,000=0 ∴ Q=50,000회
B회사: 15Q−1,200,000=0 ∴ Q=80,000회

2.

(1) pv−chart

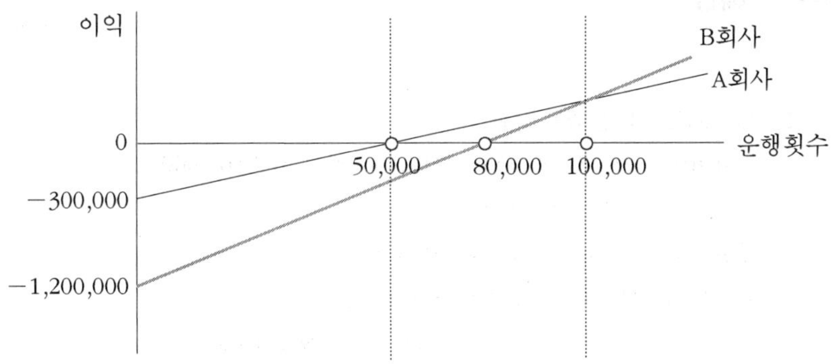

(2) 영업이익이 무차별해지는 운행횟수: 6Q−300,000=15Q−1,200,000
∴ Q =100,000
∴ 운행횟수가 100,000회를 초과하면 B회사의 영업이익이 더 크다.

3.

A회사 DOL: $\frac{6\times90,000}{6\times90,000-300,000}=\frac{540,000}{240,000}=2.25$

B회사 DOL: $\frac{15\times90,000}{15\times90,000-1,200,000}=\frac{1,350,000}{150,000}=9$

4.

(1) A회사

$$\frac{\triangle X/240,000}{0.2}=2.25$$

∴ 영업이익 증가율=45%

영업이익 증가액(△X)=₩108,000

〈참고〉

매출액 20% 증가할 때의 영업이익: 90,000×1.2×6−300,000=348,000

영업이익 증가액: 348,000−240,000=108,000

영업이익 증가율: 108,000/240,000=45%

(2) B회사

$$\frac{\triangle X/150,000}{0.2}=9$$

∴ 영업이익 증가율=180%

영업이익 증가액(△X) =₩270,000

문6 해답

1. 20×6년도의 손익분기점

공헌이익 = ₩25,000,000−₩12,500,000−₩2,500,000

= ₩10,000,000

공헌이익률 = ₩10,000,000/₩25,000,000 = 40%

손익분기점매출액 = 고정비/공헌이익률

= ₩1,000,000/0.4 = ₩2,500,000

2. 판매수수료를 20%로 인상할 경우

공헌이익률 = 40%−10% = 30%

$$\text{목표매출액} = \frac{\text{고정비}+\dfrac{\text{세후목표이익}}{1-\text{법인세율}}}{\text{공헌이익률}} = \frac{₩100,000+\dfrac{₩5,400,000}{1-0.4}}{0.3}$$

=₩33,333,333

3. 급여를 이원화하는 경우

추가고정비 = ₩300,000+5×₩100,000 = ₩800,000
공헌이익률 = 판매가격－변동매출원가－변동판매수수료
= 100%－50%－5% = 45%
손익분기점매출액 = (₩1,000,000+₩800,000)/0.45
= ₩4,000,000

4. 판매수수료를 20%로 인상할 경우 공헌이익률 = 30%
급여를 이원화하는 경우 공헌이익률 = 45%
두 방법의 순이익이 같아지는 매출액 = S
0.3S－₩1,000,000 = 0.45S－₩1,000,000－₩800,000
0.15S = ₩800,000
S = ₩5,333,333

문7 해답

1. 총 변동비 = ₩120,000,000+₩150,000,000+₩30,000,000+₩60,000,000
= ₩360,000,000
단위당 변동비 = ₩360,000,000÷200,000=₩1,800/단위당
단위당 공헌이익 = 판매가격－단위당 공헌이익
= ₩3,000－₩1,800=₩1,200/단위당

2.

예상매출액(₩3,000×200,000)		₩600,000,000
변동비:		
직접재료비	₩120,000,000	
직접노무비	150,000,000	
제조간접비	30,000,000	
판매비와 관리비	60,000,000	360,000,000
예상공헌이익		240,000,000
고정비:		
제조간접비	100,000,000	
판매비와 관리비	80,000,000	180,000,000
예상순이익		₩60,000,000

3. 손익분기점 매출수량 $= \dfrac{\text{고정비}}{\text{단위당공헌이익}}$

$$= \frac{₩180,000,000}{₩3,000 - ₩1,800} = 150,000\text{단위}$$

4. 안전한계 매출수량 = 예상매출수량 − 손익분기점 매출수량
= 200,000 − 150,000 = 50,000단위

5. 현금고정비 = (₩100,000,000 − ₩40,000,000) + (₩80,000,000 − ₩20,000,000)
= ₩120,000,000

현금손익분기점 매출수량 $= \dfrac{\text{현금고정비}}{\text{단위당공헌이익}}$

$$= \frac{₩120,000,000}{₩3,000 - ₩1,800} = 100,000\text{단위}$$

현금손익분기점 매출액 = 100,000 × ₩3,000 = ₩300,000,000

문8 해답

1. 제품별 단위당 공헌이익

	제품A	제품B	제품C
판매가격	₩20	₩25	₩45
변동원가	15	20	25
공헌이익	₩5	₩5	₩20
공헌이익률	25%	20%	44.44%

가중평균공헌이익 = ₩5 × 20% + ₩5 × 50% + ₩20 × 30%
= ₩9.5

가중평균판매가격 = ₩20 × 20% + ₩25 × 50% + ₩45 × 30%
= ₩30

세후당기순이익을 달성을 위한 세전이익 =

$$\text{목표판매수량: } X = \frac{₩30,000 + \dfrac{30X \times 0.15}{1 - 0.4}}{₩9.5}$$

9.5X = ₩30,000 + 7.5X

X = 15,000단위

∴ 제품별 판매수량은 제품A 3,000단위, 제품B 7,500단위, 제품 4,500단위이다.

2. 제품B의 판매가격

$$손익분기점\ 판매수량 = \frac{고정비}{가중평균공헌이익}$$

$$3{,}000 = \frac{₩30{,}000}{X}$$

X(가중평균공헌이익) = ₩10

가중평균공헌이익 = ₩5×20%+CMB×50%+₩20×30%

CM_B = ₩6

제품B의 변동비	₩20
공헌이익	6
제품B의 판매가격	₩26

문9 해답

1. 단위당 공헌이익 제품A = ₩10−₩6 = ₩4

제품B = ₩12.5−₩3.75 = ₩8.75

공헌이익률 제품A = ₩40,000÷₩100,000 = 40%

제품B = ₩70,000÷₩100,000 = 70%

* 판매가격은 매출액을 매출수량으로 나누어서 계산함

① 손익분기점 판매량 제품A : ₩20,000÷₩4 = 5,000

② 손익분기점 매출액 제품B : ₩56,000÷0.7 = ₩80,000

2. 매출수량배합 4 : 3

꾸러미당 공헌이익 = 4×₩4+3×₩8.75 = ₩42.25

손익분기점의 꾸러미수 = ₩76,000/₩42.25≒1,799

손익분기점 판매량 A : 1,799×4 = 7,196단위

B : 1,799×3 = 5,397단위

3. 매출수량배합 1 : 1

꾸러미당 공헌이익 = ₩4+₩8.75 = ₩12.75

$$가중평균공헌이익률 = 40\% \times \frac{₩10}{₩10+₩12.5} + 70\% \times \frac{₩12.5}{₩10+₩12.5} = 56.67\%$$

손익분기점의 꾸러미수 ₩76,000/0.5667≒₩134,118

$$손익분기점\ 매출액\quad 제품A : ₩134,118 \times \frac{₩10}{₩22.5} = ₩59,608$$

$$제품B : ₩134,118 \times \frac{₩12.5}{₩22.5} = ₩74,510$$

문10 해답

〈자료정리〉

단위당 변동비(b)

(50−b)×12,000−210,000 = −30,000

∴ b = ₩35

1.

구 간	단위당 공헌이익
0 ≦ Q ≦ 15,000	50−35=15
15,001 ≦ Q ≦ 25,000	50−42[*1]=8

[*1] 35×1.2 = 42

2.

구 간	손익분기점수량
0 ≦ Q ≦ 15,000	15×Q−210,000 = 0 ∴ Q = 14,000(적합)
15,001 ≦ Q ≦ 25,000	225,000[*2]+8×△Q−265,000 = 0 ∴ △Q = 5,000 ∴ Q = 15,000+5,000 = 20,000개(적합)

[*2] 이전 구간에서의 공헌이익 누적액 = 15,000×15 = 225,000

∴ 손익분기점 판매량은 14,000단위 또는 20,000단위이다.

3. ① 210,000
② 210,000+15,000×35+(265,000−210,000) = 790,000
③ 50
④ 14,000
⑤ 15,000
⑥ 20,000

4. 조업수준1에서 최대이익 = 15×15,000−210,000 = 15,000
조업수준2에서 최대이익 = 225,000+8×10,000−265,000 = 40,000
∴ 달성가능 최대이익은 ₩40,000이다.

5.
(1)

구 간	손익분기점수량
0 ≦ Q ≦ 18,000	15×Q−240,000 = 0 ∴ Q = 16,000(적합)
18,001 ≦ Q ≦ 24,000	270,000[*1]+20×△Q−280,000 = 0 ∴ △Q = 500 ∴ Q = 18,000+500 = 18,500개(적합)
24,001 ≦ Q ≦ 27,000	390,000[*2]+25×△Q−380,000 = 0 ∴ △Q = −400 ∴ Q = 24,000−400 = 23,600개(부적합)

[*1] 이전 구간에서의 공헌이익 누적액 = 18,000×15 = 270,000
[*2] 이전 구간에서의 공헌이익 누적액 = 270,000+6,000×20 = 390,000
∴ 손익분기점 판매량은 16,000단위 또는 18,500단위이다.

(2) 조업수준1에서 최대이익 = 15×18,000−240,000 = 30,000
조업수준2에서 최대이익 = 270,000+20×6,000−280,000 = 110,000
조업수준3에서 최대이익 = 390,000+25×3,000−380,000 = 85,000
∴ 달성가능 최대이익은 ₩110,000이다.

문11 해답

※ 손익분기점 매출액 = $\dfrac{₩42,000}{\dfrac{₩7-₩5.95}{₩7}}$ = ₩280,000

1. (실제 매출액－손익분기매출액)/실제매출액
   = (₩315,000－₩280,000)/₩315,000 = 11.1%

2. 기존의 손익분기점수량: ₩42,000/₩1.05 = 40,000단위
   판매수수료 추가지급 후: ₩42,000/(₩1.05－₩0.05) = 42,000단위
   ☞ 40,000단위 → 42,000단위로 2,000단위가 증가한다.

3. (₩42,000+₩12,600)/(₩1.05+₩0.35)
   = 39,000단위(매출액: 39,000×₩7 = ₩273,000)
   무차별한 판매량을 Q라 하면, 1.05Q－42,000 = 1.40Q－54,600에서 Q = 36,000단위

4. 손익분기점 판매수량인 40,000단위를 초과하는 수량은 10,000단위이므로,
   10,000×(₩1.05－₩0.1) = ₩9,500

5. 48,000단위로 목표이익 ₩8,400을 회수하기 위한 공헌이익:
   ₩42,000+₩6,650+₩8,400 = ₩57,050
   13,000단위의 공헌이익: 13,000×₩1.05 = ₩13,650
   35,000단위에 대한 단위당 공헌이익:
   ∴ (₩57,050－₩13,650)/35,000단위 = ₩1.24

문12 해답

1.
   (1) 녹색 세탁기
   단위당 공헌이익 = 판매가격－단위당 변동비 = ₩100－₩70 = ₩30

$$손익분기점\ 판매량 = \frac{₩5,100,000}{₩30} = 170,000단위$$

(2) 핑크색 세탁기

단위당 공헌이익 = ₩120 − ₩80 = ₩40

$$손익분기점\ 판매량 = \frac{₩5,100,000}{₩40} = 127,500단위$$

2. 각 세탁기에 대한 기대수요

	녹색 세탁기		핑크색 세탁기	
50,000	0.0	−	0.1	5,000
100,000	0.1	10,000	0.3	30,000
200,000	0.2	40,000	0.5	100,000
300,000	0.4	120,000	0.1	30,000
400,000	0.2	80,000	0.0	−
500,000	0.1	50,000	0.0	−
합 계		300,000		165,000

녹색 세탁기의 기대영업이익 = ₩30 × 300,000 − ₩5,100,000 = ₩3,900,000

핑크색 세탁기의 기대영업이익 = ₩40 × 165,000 − ₩5,100,000 = ₩1,500,000

∴ 녹색 세탁기를 생산해야 한다.

3. 녹색 세탁기의 기대영업이익 = ₩3,900,000

핑크색 세탁기의 기대영업이익 = ₩40 × 225,000 − ₩5,100,000 = ₩3,900,000

따라서 기대영업이익을 극대화하는 측면에서는 두 제품간에 동일하다. 즉 선택의 기준이 기대영업이익일 경우 두 제품에 대한 기대영업이익은 ₩3,900,000으로 동일하다. 그러나 경영자가 위험요소를 고려한다면 결과는 달라질 수 있다. 예를 들어 녹색 세탁기가 100,000대만 판매될 경우 ₩2,100,000의 영업손실을 보게 되고, 그 확률은 10%가 된다. 그러나 녹색 세탁기가 300,000대 이상 판매될 확률은 30%로 이 경우 핑크색보다는 높은 영업이익을 달성하게 된다.

불확실성하에서 의사결정을 할 때 기대가치가 중요하지만 확률분포의 분포도 중요하다. 일반적으로 분포가 넓으면, 위험이 높다. 동일한 기대가치하에서 합리적인 의사결정자라면 위험이 낮은 대안을 선택할 것이다. 따라서 전체적인 확률분포에 대한 지식은 의사결정전에 위험을 평가하는 데 도움을 줄 수 있다.

문13 해답

1.

(1) 판매가격이 ₩1,000일 때

단위당 공헌이익=₩1,000−₩400 = ₩600

$$손익분기점\ 판매량 = \frac{연간고정비}{단위당\ 공헌이익} = \frac{₩2,400,000}{₩600} = 4,000단위$$

손익분기점 매출액 = 4,000×₩1,000 = ₩4,000,000

∴ 적어도 손익분기점에 도달할 확률 = 2/3 = 약 66.7%

(2) 판매가격이 ₩650일 때

단위당 공헌이익 = ₩650−₩400 = ₩250

$$손익분기점\ 판매량 = \frac{₩2,400,000}{₩250} = 9,600단위$$

손익분기점 매출액 = ₩650×9,600 = ₩6,240,000

$$∴\ 적어도\ 손익분기점에\ 도달할\ 확률 = 1-\frac{₩240,000}{₩3,000,000} = 92\%$$

따라서 영업이익을 발생시킬 확률을 극대화하고자 하는 전략이라면 판매가격이 ₩650인 것이 유리하다.

2.

(1) 판매가격이 ₩1,000일 때

기대영업이익 = (단위당 판매가격−단위당 고정비)×기대판매수준−고정비
= (₩1,000−₩400)×4,500*−₩2,400,000
= ₩300,000

(2) 판매가격이 ₩650일 때

기대영업이익 = (₩650−₩400)×11,538−₩2,400,000
= ₩484,500

따라서 기대영업이익을 극대화하기 위한 의사결정에서도 판매가격은 ₩650으로 하는 것이 유리하다.

문14 해답

1.

	제품A		제품B
수량배합	3	:	7
판매단가	100		60
단위당 변동비	50		30
단위당 공헌이익	50		30

set당 공헌이익 : $50 \times 3 + 30 \times 7 = 360$

손익분기점 set 수량 : $21,600 \div 360 = 60$

손익분기점 수량 : A = $60 \times 3 = 180$개, B = $60 \times 7 = 420$개

2.

인하전 BEP(Q) : $(50-24)Q-135,200 = 0$ ∴ $Q = 5,200$

인하후 BEP(Q) : $(48-24) \times 5,200 - F = 0$ ∴ $F = 124,800$

∴ 고정비 감소액 : $135,200-124,800 = 10,400$

3.

단위당 공헌이익 : $400 \times (1-0.7) = 120$

구 간	목표이익 달성하기 위한 수량	적합여부
1~ 50,000	120Q−3,000,000 = 9,000,000 Q = 100,000	×
50,001~ 90,000	120Q−4,500,000 = 9,000,000 Q = 112,500	×
90,001~130,000	120Q−6,000,000 = 9,000,000 Q = 125,000	○

∴ Q = 125,000개

4.

1월 공헌이익률 : $200/500 = 0.4$

2월 공헌이익률 : $180/450 = 0.4$

1월 매출액 : $(0.4S-500,000)\ (1-0.4) = 60,000$ ∴ $S = 1,500,000$

2월 매출액 : $(0.4S-600,000)\ (1-0.4) = 72,000$ ∴ $S = 1,800,000$

5.

- 세전목표이익 : $\frac{750,000}{(1-0.25)}+\frac{700,000}{(1-0.3)}=2,000,000$
- 단위당 공헌이익 : $10,000\times(1-0.8)=2,000$
- 구간별 분석

구 간	목표이익 달성하기 위한 수량	적합여부
5,000 이하	2,000Q−8,500,000 = 2,000,000 Q = 5,250	×
5,001 초과	2,000Q−11,000,000 = 2,000,000 Q = 6,500	○

∴ Q = 6,500개

6.

$[(1,000-500)\times Q-5,000,000]\times(1-0.2)+2,000,000=0$

∴ 현금분기점 수량(Q) : 5,000개

제11장 전부원가계산과 변동원가계산

문1 해답

〈사례1〉

전부원가계산순이익 = 변동원가계산순이익 + 재고증가량 × 단위당고정제조간접비

전부원가계산순이익 − 변동원가계산순이익 = 재고증가량 × 단위당고정제조간접비

$$15{,}000{,}000 = (3{,}000-\text{판매량})\times\frac{45{,}000{,}000}{3{,}000}$$

∴ 판매량 = 2,000단위

〈사례2〉

공헌이익	80,000개 × ₩500* =	₩40,000,000
고정비	₩12,000,000 + ₩7,000,000 =	(19,000,000)
변동원가계산 영업이익		₩21,000,000

* 단위당 공헌이익 : ₩1,000 − ₩500 = ₩500

문2 해답

1.

(1) 전부원가계산 손익계산서

단위당 제조원가 = 변동비 + 고정비

4월 = ₩11 + ₩90,000/25,000 = ₩14.6

5월 = ₩11 + ₩90,000/20,000 = ₩15.5

6월 = ₩11 + ₩90,000/15,000 = ₩17

	4월		5월		6월	
매출액	20,000×₩20	₩400,000	20,000×₩20	₩400,000	20,000×₩20	₩400,000
매출원가						
기초	–	–	5,000×₩14.6	73,000	5,000×₩15.32	76,600
생산	25,000×₩14.6	365,000	20,000×₩15.5	310,000	15,000×₩17	255,000
기말	5,000×₩14.6	73,000	5,000×₩15.32*	76,600	–	–
		₩292,000		₩306,400		₩331,600
매출총이익		108,000		93,600		68,400
판매비와 관리비						
변동비	20,000×₩1	20,000	20,000×₩1	20,000	20,000×₩1	20,000
고정비		30,000		30,000		30,000
영업이익		₩58,000		₩43,600		₩18,400

* 기말재고 가중평균법 (₩73,000+₩310,000)÷25,000 = ₩15.32

(2) 변동원가계산 손익계산서

	4월		5월		6월	
매출액	20,000×₩20	₩400,000	20,000×₩20	₩400,000	20,000×₩20	₩400,000
변동원가						
기초	–	–	5,000×₩11	55,000	5,000×₩11	55,000
생산	25,000×₩11	275,000	20,000×₩11	220,000	15,000×₩11	165,000
기말	5,000×₩11	55,000	5,000×₩11	55,000	–	–
변동매출원가		₩220,000		₩220,000		₩220,000
변동판관리비	20,000×₩1	20,000	20,000×₩1	20,000	20,000×₩1	20,000
총변동원가		₩240,000		₩240,000		₩240,000
공헌이익		160,000		160,000		160,000
고정비						
제조원가		90,000		90,000		90,000
판관비		30,000		30,000		30,000
영업이익		₩40,000		₩40,000		₩40,000

(3) 영업이익의 조정

	4월	5월	6월
변동원가계산 영업이익	₩40,000	₩40,000	₩40,000
+) 기말재고에 포함된 고정제조간접비	18,000	21,600*	–
–) 기초재고에 포함된 고정제조간접비	–	18,000	21,600
전부원가계산 영업이익	₩58,000	₩43,600	₩18,400

* (₩15.32–₩11)×5,000 = ₩21,600

2.

(1) 전부원가계산 손익계산서

단위당 제조원가 = 변동비+고정비

4월 = ₩11+₩90,000/25,000 = ₩14.6

5월 = ₩11+₩90,000/20,000 = ₩15.5

6월 = ₩11+₩90,000/15,000 = ₩17

	4월		5월		6월	
매출액	20,000×₩20	₩400,000	20,000×₩20	₩400,000	20,000×₩20	₩400,000
매출원가						
기초	–	–	5,000×₩14.6	73,000	5,000×₩15.5	77,500
생산	25,000×₩14.6	365,000	20,000×₩15.5	310,000	15,000×₩17	255,000
기말	5,000×₩14.6	73,000	5,000×₩15.5	77,500	–	–
		₩292,000		₩305,500		₩332,500
매출총이익		108,000		94,500		67,500
판매비와 관리비						
변동비	20,000×₩1	20,000	20,000×₩1	20,000	20,000×₩1	20,000
고정비		30,000		30,000		30,000
영업이익		₩58,000		₩44,500		₩17,500

(2) 변동원가계산 손익계산서

	4월		5월		6월	
매출액	20,000×₩20	₩400,000	20,000×₩20	₩400,000	20,000×₩20	₩400,000
변동원가						
기초	–	–	5,000×₩11	55,000	5,000×₩11	55,000
생산	25,000×₩11	275,000	20,000×₩11	220,000	15,000×₩11	165,000
기말	5,000×₩11	55,000	5,000×₩11	55,000	–	–
변동매출원가		₩220,000		₩220,000		₩220,000
변동판관리비	20,000×₩1	20,000	20,000×₩1	20,000	20,000×₩1	20,000
총변동원가		₩240,000		₩240,000		₩240,000
공헌이익		160,000		160,000		160,000
고정비						
제조원가		90,000		90,000		90,000
판관비		30,000		30,000		30,000
영업이익		₩40,000		₩40,000		₩40,000

(3) 영업이익의 조정

	4월	5월	6월
변동원가계산 영업이익	₩40,000	₩40,000	₩40,000
+) 기말재고에 포함된 고정제조간접비	18,000	22,500	–
–) 기초재고에 포함된 고정제조간접비	–	18,000	22,500
전부원가계산 영업이익	₩58,000	₩44,500	₩17,500

문3 해답

1. 손익계산서

(1) 전부원가계산

	1분기			2분기		
매출액	40,000×₩60		₩2,400,000	45,000×₩60		₩2,700,000
매출원가						
기초	5,000×₩30	₩150,000		15,000×₩30	₩450,000	
생산	50,000×₩30	1,500,000		60,000×₩30	1,800,000	
기말	15,000×₩30	450,000		30,000×₩30	900,000	
조업도차이		–	1,200,000	10,000×₩10	100,000	1,250,000
매출총이익			₩1,200,000			₩1,450,000
판매비와 관리비						
판매비	₩200,000+₩6×40,000		440,000	₩200,000+₩6×45,000		470,000
관리비	300,000+₩4×40,000		460,000	300,000+₩4×45,000		480,000
영업이익			₩300,000			₩500,000

	3분기			4분기		
매출액	60,000×₩60		₩3,600,000	50,000×₩60		₩3,000,000
매출원가						
기초	30,000×₩30	₩900,000		10,000×₩30	₩300,000	
생산	40,000×₩30	1,200,000		50,000×₩30	1,500,000	
기말	10,000×₩30	300,000		10,000×₩30	300,000	
조업도차이	10,000×₩10	(100,000)	1,900,000		–	1,500,000
매출총이익			₩1,700,000			₩1,500,000

판매비와 관리비				
판매비	₩200,000+₩6×60,000	560,000	₩200,000+₩6×50,000	500,000
관리비	300,000+₩4×60,000	540,000	300,000+₩4×50,000	500,000
영업이익		₩600,000		₩500,000

(2) 변동원가계산

	1분기			2분기		
매출액	40,000×₩60		₩2,400,000	45,000×₩60		₩2,700,000
변동비						
기초	5,000×₩20	₩100,000		15,000×₩20	₩300,000	
생산	50,000×₩20	1,000,000		60,000×₩20	1,200,000	
기말	15,000×₩20	300,000		30,000×₩20	600,000	
변동매출원가		800,000			900,000	
변동판관비	4,000×₩10	400,000	1,200,000	45,000×₩10	450,000	1,350,000
공헌이익			₩1,200,000			₩1,350,000
고정비						
제조원가		₩500,000			₩500,000	
판매비와 관리비		500,000	1,000,000		500,000	1,000,000
영업이익			₩200,000			₩350,000

	3분기			4분기		
매출액	60,000×₩60		₩3,600,000	50,000×₩60		₩3,000,000
변동비						
기초	30,000×₩20	₩600,000		10,000×₩20	₩200,000	
생산	40,000×₩20	800,000		50,000×₩20	1,000,000	
기말	10,000×₩20	200,000		10,000×₩20	200,000	
변동매출원가		1,200,000			1,000,000	
변동판관비	60,000×₩10	600,000	1,800,000	50,000×₩10	500,000	1,500,000
공헌이익			₩1,800,000			₩1,500,000
고정비						
제조원가		₩500,000			₩500,000	
판매비와 관리비		500,000	1,000,000		500,000	1,000,000
영업이익			₩800,000			₩500,000

2.

	1분기	2분기	3분기	4분기
변동원가계산 영업이익	₩200,000	₩350,000	₩800,000	₩500,000
+) 기말재고에 포함된 고정제조간접비	150,000	300,000	100,000	100,000
−) 기초재고에 포함된 고정제조간접비	50,000	150,000	300,000	100,000
전부원가계산 영업이익	₩300,000	₩500,000	₩600,000	₩500,000

문4 해답

〈자료정리〉

단위당 제조원가

	전부원가계산	변동원가계산
변동제조원가	₩550	₩550
고정제조원가	50	−
합 계	₩600	₩550

1.

전부원가계산 손익계산서

매출액(105,000×₩800)		₩84,000,000
매출원가		
기초제품재고액(15,000×₩600)	₩9,000,000	
당기제품제조원가(108,000×₩600)	64,800,000	
판매가능원가	₩73,800,000	
기말제품재고액(18,000×₩600)	10,800,000	
표준매출원가	₩63,000,000	
유리한 기준조업도차이	(400,000)	
불리한 변동원가차이	1,500,000	64,100,000
매출총이익		19,900,000
판매비와 관리비:		
변동판매비와 관리비(105,000×₩80)	₩8,400,000	
고정판매비와 관리비	4,000,000	12,400,000
영업이익		₩7,500,000

* (108,000−100,000)×₩50 = ₩400,000(유리한 차이)

2.

변동원가계산 손익계산서

매출액(105,000×₩800)		₩84,000,000
변 동 비:		
변동매출원가		
기초제품재고액(15,000×₩550)	₩8,250,000	
당기제품제조원가(108,000×₩550)	59,400,000	
판매가능원가	₩67,650,000	
기말제품재고액(18,000×₩550)	9,900,000	
표준변동매출원가	₩57,750,000	
불리한 변동원가차이	1,500,000	59,250,000
변동판매비와 관리비		8,400,000
공헌이익		₩16,350,000
고 정 비:		
고정제조원가(실제발생액=예산)	₩5,000,000	
고정판매비와 관리비	4,000,000	9,000,000
영업이익		₩7,350,000

3.

(1) 순이익 차이

전부원가계산에 의한 순이익	₩7,500,000
차감: 기말재고자산에 포함된 고정제조간접비(18,000×₩50)	(900,000)
가산: 기초재고자산에 포함된 고정제조간접비(15,000×₩50)	750,000
변동원가계산에 의한 순이익	₩7,350,000

(2) 순이익에 차이가 발생하는 원인

전부원가계산제도하에서는 고정제조간접비가 즉시 비용화되지 않고 재고가능원가(inventoriable cost)로 처리된 후 매출시 매출원가로 비용화된다. 따라서 재고자산의 증가분에 대해서는 배부된 고정제조간접비는 재고자산으로 처리되어, 전액 기간비용으로 처리되는 변동원가계산과 비교하여 재고자산으로 이연되는 고정제조간접비만큼 순이익에 차이가 발생한다.

재고자산 증가분×표준고정제조간접비

3,000×₩50 = ₩150,000

문5 해답

1. BEP = (120,000+54,000)/6 = 29,000개

2. BEP = 54,000/{20−(13+4)} = 18,000개
   혹은
   매출−매출원가−판관비 = 0
   20x−13x−(4x+54,000) = 0
   ∴ x = 18,000

문6 해답

1. 변동원가계산에 의한 손익분기점
   $q_s = F/(P-V)$
   단위당 공헌이익 = ₩300−₩120−₩60 = ₩120
   손익분기점 판매수량 = ₩4,800,000/₩120 = 40,000단위

2. 전부원가계산에 의한 손익분기점

$$q_s = \frac{F+(q_s-q_p)\dfrac{F_m}{q_n}}{P-V}$$

q_s(₩300−₩180) = ₩4,800,000+$(q_s-32,000)\times 50$

$70q_s$ = ₩3,200,000

$q_s \fallingdotseq 45,715$

문7 해답

1.

표준전부원가계산하의 손익계산서

매출액	540,000×₩50=		₩27,000,000
매출원가			
조정전 매출원가	540,000×₩37=	₩19,980,000	
조정: 조업도차이	(550,000−600,000)×₩7=	350,000	20,330,000
매출총이익			₩6,670,000
판매비와 관리비			
변동비	540,000×₩10=	₩5,400,000	
고정비		1,200,000	6,600,000
영업이익			₩70,000

2. 순이익 차이조정

전부원가계산에 의한 영업이익	₩70,000
가산: 기초재고자산에 포함된 고정제조간접비	210,000(30,000×₩7)
차감: 기말재고자산에 포함된 고정제조간접비	280,000(40,000×₩7)
변동원가계산에 의한 영업이익	₩0

3. 전부원가계산에 의한 손익분기점

$$\text{손익분기점 판매량} = q_s = \frac{F + (q_s - q_p)\dfrac{F_m}{q_n}}{P - V}$$

$$= \frac{₩5{,}400{,}000 + (q_s - 550{,}000) \times \dfrac{₩4{,}200{,}000}{600{,}000}}{₩50 - ₩40}$$

$= 516{,}667$단위

4.

(1) 영업이익

① 전부원가계산에 의한 손익계산서

매출액	₩0
매출원가	0

매출총이익	₩0
판매비와 관리비	0
영업이익	₩0

② 변동원가계산에 의한 손익계산서

매출액		₩0
변동원가		0
공헌이익		0
고정비		
고정제조간접비	₩4,200,000	
판매비와 관리비	0	
영업이익(손실)	(₩4,200,000)	

(2) 전부원가계산의 경우 고정제조간접비 발생이 모두 기말재고자산으로 남아 있어 당기에 비용으로 처리된 부분이 전혀 없지만, 변동원가계산에서는 고정제조간접비 발생은 모두 기간비용으로 처리되어 두 방법간의 영업이익 차이는 총 고정제조간접비 만큼 발생한다.

문8 해답

1. 손익계산서 작성

(1) 변동원가계산에 의한 손익계산서

	1월		2월		3월	
매출액[1]		₩17,500,000		₩20,000,000		₩37,500,000
변동원가						
제조원가:						
기초제품[2]	₩0		₩2,700,000		₩2,700,000	
당기제품제조원가[3]	9,000,000		7,200,000		11,250,000	
판매가능원가	₩9,000,000		₩9,900,000		₩13,950,000	
기말제품[4]	2,700,000		2,700,000		450,000	
변동제조매출원가	₩6,300,000		₩7,200,000		₩13,500,000	
변동판매비[5]	4,200,000	10,500,000	4,800,000	12,000,000	9,000,000	₩22,500,000
공헌이익		₩7,000,000		₩8,000,000		₩15,000,000

고 정 비						
제조원가	₩4,000,000		₩4,000,000		₩4,000,000	
판매비	1,400,000	5,400,000	1,400,000	5,400,000	1,400,000	5,400,000
영업이익		₩1,600,000		₩2,600,000		₩9,600,000

1. ₩25,000×700 ; 800 ; 1,500
2. ₩?×0 ; ₩9,000×300 ; ₩9,000×300
3. ₩9,000×1,000 ; 800 ; 1,250
4. ₩9,000×300 ; 300 ; 50
5. ₩6,000×700 ; 800 ; 1,500

(2) 전부원가계산에 의한 손익계산서

	1월		2월		3월	
매출액[1]		₩17,500,000		₩20,000,000		₩37,500,000
매출원가						
기초제품[2]	₩0		₩3,900,000		₩4,200,000	
변동제조원가[3]	9,000,000		7,200,000		11,250,000	
고정제조원가[4]	4,000,000		4,000,000		4,000,000	
판매가능원가	₩13,000,000		₩15,100,000		₩19,450,000	
기말제품[5]	3,900,000		4,200,000		610,000	
전부제조매출원가		₩9,100,000		₩10,900,000		₩18,840,000
매출총이익		₩8,400,000		₩9,100,000		₩18,660,000
판 매 비						
변동비[6]	₩4,200,000		₩4,800,000		₩9,000,000	
고정비	1,400,000	5,600,000	1,400,000	6,200,000	1,400,000	10,400,000
영업이익		₩2,800,000		₩2,900,000		₩8,260,000

1. ₩25,000×700 ; 800 ; 1,500
2. ₩? ×0 ; ₩13,000×300 ; ₩14,000×300
3. ₩9,000×1,000 ; 800 ; 1,250
4. ₩4,000×1,000 ; ₩5,000×800 ; ₩3,200×1,250
5. ₩13,000×300 ; ₩14,000×300 ; ₩12,200×50
6. ₩6,000×700 ; 800 ; 1,500

2. 영업이익의 차이조정

	1월	2월	3월
전부원가계산에 의한 영업이익	₩2,800,000	₩2,900,000	₩8,260,000
(+)기초재고에 포함된 고정제조간접비	0	1,200,000	1,500,000
(−)기말재고에 포함된 고정제조간접비	1,200,000	1,500,000	160,000
변동원가계산에 의한 영업이익	₩1,600,000	₩2,600,000	₩9,600,000

3. 스루풋 원가계산에 의한 손익계산서

	1월		2월		3월	
매출액[1]		₩17,500,000		₩20,000,000		₩37,500,000
변동직접재료원가						
기초제품[2]	₩0		₩1,500,000		₩1,500,000	
당기직접재료비[3]	5,000,000		4,000,000		6,250,000	
판매가능원가	₩5,000,000		₩5,500,000		₩7,750,000	
기말제품[5]	1,500,000		1,500,000		250,000	
변동직접재료비		₩3,500,000		₩4,000,000		₩7,500,000
스루풋공헌이익		₩14,000,000		₩16,000,000		₩30,000,000
기타원가						
제조원가[6]	₩8,000,000		₩7,200,000		₩9,000,000	
판매비[6]	5,600,000	13,600,000	6,200,000	13,400,000	10,400,000	19,400,000
영업이익		₩400,000		₩2,600,000		₩10,600,000

1. ₩25,000×700 ; 800 ; 1,500
2. ₩? ×0 ; ₩5,000×300 ; ₩5,000×300
3. ₩5,000×1,000 ; 800 ; 1,250
4. ₩5,000×300 ; 300 ; 50
5. ₩4,000×1,000+₩4,000,000; ₩4,000×800+₩4,000,000; ₩4,000×1,250+₩4,000,000
6. ₩6,000×700+₩1,400,000 ; ₩6,000×800+₩1,400,000 ; ₩6,000×1,500+₩1,400,000

문9 해답

〈자료정리〉

1) 단위당 고정제조간접비 = ₩100,000/2,000 = ₩50/단위당

2) 전부원가계산에 의한 단위당 제조원가

	20×7년	20×8년
단위당 변동직접제조원가	₩400	₩400
단위당 변동제조간접비	150	150
단위당 고정제조간접비	50	50
단위당 제조원가	₩600	₩600

3) 변동원가계산에 의한 단위당 제조원가

	20×7년	20×8년
단위당 변동직접제조원가	₩400	₩400
단위당 변동제조간접비	150	150
단위당 제조원가	₩550	₩550

4) 스루풋 원가계산에 의한 단위당 변동재료비

	20×7년	20×8년
단위당 변동직접재료비	₩230	₩230

5) 물량의 흐름

	20×7년	20×8년
기초재고	900	1,400
생산	2,000	400
판매가능량	2,900	1,800
판매량	1,500	1,700
기말재고	1,400	100

1. 전부원가계산에 의한 손익계산서

	20×7년	20×8년
매 출 액	₩1,500,000	₩1,700,000
매출원가		
기초재고(₩600×900 ; 1,400)	540,000	840,000
변동제조원가(₩550×2,000 ; 400)	1,100,000	220,000
고정제조원가(₩50×2,000 ; 400)	100,000	20,000
판매가능원가	₩1,740,000	₩1,080,000
기말재고(₩600×1,400 ; 100)	840,000	60,000
표준매출원가	₩900,000	₩1,020,000
변동제조원가차이	10,000(U)	10,000(U)
고정제조원가차이	0	80,000(U)*1
총매출원가	₩910,000	₩1,110,000
매출총이익	₩590,000	₩590,000
판 매 비		
변동비(₩10×1,500 ; 1,700)	15,000	17,000

고정비	30,000	30,000
총판매비	₩45,000	₩47,000
영업이익	₩545,000	₩543,000

*1 (2,000－400)×50＝₩80,000

2. 변동원가계산에 의한 손익계산서

	20×7년	20×8년
매 출 액	₩1,500,000	₩1,700,000
변동원가		
기초재고(₩550×900 ; 1,400)	495,000	770,000
변동제조원가(₩550×2,000 ; 400)	1,100,000	220,000
판매가능원가	₩1,595,000	₩990,000
기말재고(₩550×1,400 ; 100)	770,000	55,000
변동제조원가	₩825,000	₩935,000
변동판매비(₩10×1,500 ; 1,700)	15,000	17,000
표준변동매출원가	₩840,000	₩952,000
변동제조원가차이	10,000(U)	10,000(U)
총매출원가	₩850,000	₩962,000
공헌이익	₩650,000	₩738,000
고 정 비		
제조원가	100,000	100,000
고정비	30,000	30,000
총판매비	₩130,000	₩130,000
영업이익	₩520,000	₩608,000

3. 스루풋 원가계산에 의한 손익계산서

	20×7년	20×8년
매 출 액	₩1,500,000	₩1,700,000
변동직접재료비		
기초재고(₩230×900 ; 1,400)	207,000	322,000
변동제조원가(₩230×2,000 ; 400)	460,000	92,000
판매가능원가	₩667,000	₩414,000
기말재고(₩230×1,400 ; 100)	322,000	23,000
표준직접재료원가	₩345,000	₩391,000

스루풋공헌이익	₩1,155,000	₩1,309,000
기타원가		
제조원가[*1]	740,000	228,000
판매비[*2]	45,000	47,000
변동제조원가 차이	10,000(U)	10,000(U)
총기타원가	₩795,000	₩285,000
영업이익	₩360,000	₩1,024,000

[*1] ₩320×2,000+₩100,000 ; ₩320×400+₩100,000

[*2] ₩10×1,500+₩30,000 ; ₩10×1,700+₩30,000

문10 해답

1.

매출		9,500×100 =		950,000
매출원가	조정전		750,000[*2]	
	조정후	9,800−1,400+2,700−1,100 =	10,000	760,000[*1]
영업이익				190,000

[*1] 950,000−190,000 = 760,000

[*2] 760,000− 10,000 = 750,000

2. 고정제조간접비

실 제	예 산	배 부
88,900	10,000×9 = 90,000	9,700×9[*3] = 87,300

소비차이 1,100유리 　 조업도차이 2,700불리

[*3] (10,000−9,700)×SP = 2,700 　 ∴ SP = 9

3. 영업이익조정

전부원가계산하의 영업이익		190,000
+ 기초재고자산에 포함된 고정제조간접비	400×9 =	3,600
− 기말재고자산에 포함된 고정제조간접비	600×9 =	5,400
변동원가계산하의 영업이익		188,200

4. 750,000－9,500×9 ＝ 664,500

5.

매　　출	9,500×100 ＝		950,000
매출원가 조정전	750,000－9,500×9 ＝	664,500	
조정후	9,800－1,400 ＝	8,400	672,900
공헌이익			277,100
고정제조간접비			88,900
영업이익			188,200

1법: 188,200＋ 88,900 ＝ 277,100 (아래부터 역산)

2법: 950,000－672,900 ＝ 277,100 (위로부터 계산)

문11 해답

1.

실 제	예 산	배 부
1,100,000	② 1,000,000	④ 600,000

소비차이 ① 100,000(불리)　조업도차이 ③ 400,000(불리)

$$가동률 = \frac{600,000}{1,000,000} = 60\%$$

2.

전부원가계산 영업이익			285,000
(＋)기초재고자산에 포함된 FOH	1,650,000－1,320,000	＝	330,000
(－)기말재고자산에 포함된 FOH	75,000－60,000	＝	15,000
변동원가계산 영업이익			600,000

3. 부당한 재고누적을 방지하기 위해서는 다음과 같은 방법을 쓸 수 있다.
   ① 구체적인 재고수준을 정하여 이를 유지하게 한다.
   ② 내부 성과평가를 위해서 변동원가계산을 사용한다.
   ③ 재고누적으로 인하여 묶인 자금의 기회비용을 성과평가시 고려한다.

해설

1. 변동원가계산에서 고정제조간접비에 대한 차이가 전혀 없으므로 변동원가계산에 기록된 ₩1,100,000은 고정제조간접비 실제 발생액을 의미한다. 그러므로 실제 발생액에서 출발하여 소비차이와 조업도차이를 조정하면 고정제조간접비 예산액과 배부액을 구할 수 있다. 한편, 예산과 배부액의 차이원인은 기준조업도와 SQ(실제생산량에 허용된 표준량)의 차이이다. 본 문제에서 수량은 제시되어있지 않으나 배부액이 예산의 60%이므로 가동률을 60%로 볼 수 있다.
2. 전부원가계산과 변동원가계산의 기초나 기말재고자산의 금액이 다른 이유는 전부원가계산은 고정제조간접비를 제품원가에 포함시키고 변동원가계산은 포함시키지 않았기 때문이다. 그러므로 두 방법에서의 기초나 기말재고자산의 금액 차이는 고정제조간접비를 의미한다.

문12 해답

1.

(1) 제약공정 파악

주간 생산요구량을 생산시 제약공정

	제품P(150개)	제품Q(100개)	요구시간	가능시간
A공정	15분×150개	30분×100개	5,250분	4,800분
B공정	15분×150개	20분×100개	4,250분	4,800분
C공정	15분×150개	10분×100개	3,250분	4,800분
D공정	15분×150개	10분×100개	3,250분	4,800분

따라서 A공정이 현재 제약공정이 된다.

(2) 제약자원당 재료처리량 공헌이익(throughput)

	제품P	제품Q
단위당 판매가격	₩900	₩1,000
직접재료원가	450	400
throughput	₩450	₩600
A공정 소요시간	÷15분	÷30분
제약자원당 throughput	₩30/분	₩20/분

(3) 최적 제품 생산 배합과 영업이익

제약자원당 쓰루풋이 큰 제품P를 우선적으로 생산하고, A공정의 남는 시간에 Q를 생산한다.

제품 P : 150개

제품 Q : {4,800분 − 150개 × 15분} ÷ 30분 = 85개

이때의 영업이익 : 150개 × ₩450 + 85개 × ₩600 − ₩50,000 = ₩68,500

2.

(1) 평균 공손률 20%일 때 최적 생산량 및 영업이익

최종 생산량을 120개, 100개를 얻기 위해서는 부문 D에 제품P, Q 조립을 위하여 150개(= 120개 ÷ 0.8), 125개(= 100 ÷ 0.8)가 투입되어야 하고, 이때의 제약공정은 다음과 같이 A공정이 된다.

	제품P(150개)	제품Q(125개)	요구시간	가능시간
A공정	15분 × 150개	30분 × 125개	6,000분	4,800분
B공정	15분 × 150개	20분 × 125개	4,750분	4,800분
C공정	15분 × 150개	10분 × 125개	3,500분	4,800분
D공정	15분 × 150개	10분 × 125개	3,500분	4,800분

따라서 A공정에서의 시간당 쓰루풋이 큰 제품P를 우선 생산 투입하고, A공정의 남는 시간에 제품Q를 생산 투입한다.

제품P : 150개분 투입 → 120개 산출

제품Q : 85개분(= {4,800분 − 150개 × 15분} ÷ 30분) 투입 → 68개 산출

영업이익: 120개 × ₩900 + 68개 × ₩1,000 − (150개 × ₩450 + 85개 × ₩400)
− ₩50,000 = ₩24,500

(2) 평균 공손률 10%일 때 최적 생산량 및 영업이익

최종 생산량을 120개, 100개를 얻기 위해서는 부문 D에 제품P, Q 조립을 위하여 134개(= 120개 ÷ 0.9), 112개(= 100 ÷ 0.9)가 투입되어야 하고, 이때의 제약공정은 다음과 같이 A공정이 된다.

	제품P(134개)	제품Q(112개)	요구시간	가능시간
A공정	15분 × 134개	30분 × 112개	5,370분	4,800분
B공정	15분 × 134개	20분 × 112개	4,250분	4,800분
C공정	15분 × 134개	10분 × 112개	3,130분	4,800분
D공정	15분 × 134개	10분 × 112개	3,130분	4,800분

따라서 A공정에서의 시간당 쓰루풋이 큰 제품P를 우선 생산 투입하고 A공정의 남는 시간에 제품Q를 생산 투입한다.

제품P : 134개분 투입 → 120개 산출

제품Q : 93개(= {4,800분−134개×15분}÷30분) 투입 → 83개 산출

영업이익: 120개×₩900+83개×₩1,000−(134개×₩450+93개×₩400)
− ₩50,000 = ₩43,500

(3) 품질개선프로그램 채택 여부 의사결정

품질개선을 통해 영업이익이 ₩19,000 증가하고 이를 위한 증분비용이 ₩15,000 이므로 품질개선프로그램을 채택하는 것이 유리하다.

3. 현재 마케팅 프로그램을 실행하여 제품Q의 수요량을 늘리더라도 A공정의 제약으로 쓰루풋을 늘릴 수 없으므로 마케팅 프로그램이 회사의 영업이익 증대에는 도움이 되지 않는다. 따라서 지출할 의사가 있는 최대금액은 ₩0이다.

4. 현재 부문B는 제약공정이 아니므로 부문B의 생산능력을 외주 가공을 통해 늘린다고 하더라도 회사의 쓰루풋 증대에는 기여하지 않는다. 따라서 외주가공제안은 기각한다.

문13 해답

1.

고정제조간접비배부율 = ₩2,000÷1,000개 = ₩2

₩200 = 2×재고증가량

∴ 재고증가량 = 100개

2.

- 단위당 고정제조간접비 : 45,000,000 ÷ 3,000 = ₩15,000
- 기말재고수량(A) : A×15,000 = 15,000,000 ∴ A = 1,000개
- 2009년 판매량 : 3,000−1,000 = 2,000개

3.

- 3월의 기말재고(= 4월의 기초재고) : 0+8,000−7,000 = 1,000단위
- 4월의 기말재고 : 1,000+9,000−10,000 = 0

- 고정제조간접비배부율
  3월 ₩1,600,00÷8,000 = ₩200
  4월 ₩1,620,000÷9,000 = ₩180
- 전부원가계산의 영업이익
  = 변동원가계산의 영업이익+기말재고의 고정제조간접비−기초재고의 고정제조간접비
  = 1,200,000+(180×0)−200×1,000 = ₩1,000,000

4.

- 변동제조원가 발생액 : (780,000÷65,000)×70,000 = 840,000
- 변동원가계산 손익계산서

매출		2,000,000
변동비	780,000+200,000 =	980,000
고정비		600,000+FS
영업이익		300,000

∴ 고정판매관리비(FS) = 120,000

5.

- 20×1년 고정제조간접비 단가 : 240,000÷10,000 = 24
- 기말재고에 포함된 고정제조간접비

변동원가계산이익		528,000
+기말재고에 포함된 고정제조간접비		20,000
−기초재고에 포함된 고정제조간접비	2,000×24 =	48,000
전부원가계산이익		500,000

- 20×2년 고정제조간접비 단가 : 1,000×20 = 20,000
- 20×2년 고정제조간접비 발생액 : 14,000×20 = 280,000

제12장 종합예산

문1 해답

〈사례1〉

(1) 생산량예산

예상판매량	10,000개
기말목표재고량	4,000
합계	14,000개
기초재고량	(3,000)
생산량예산	11,000개

(2) 구입예산

목표생산량 위해 필요한 수량	11,000개×1kg=	11,000kg
기말목표재고량		2,000
총필요량		13,000kg
기초재고량		(1,000)
목표구입량		12,000kg

〈사례2〉

(1) 생산량예산

판매량	100,000단위
적정기말재고량	5,000
합계	105,000
기초재고량	0
생산량예산	105,000단위

(2) 제조원가예산

직접재료비예산	₩100×105,000 =	₩ 10,500,000
직접노무비예산	50×105,000 =	5,250,000
제조간접비예산	40×105,000 =	4,200,000
당기제품제조원가예산		₩ 19,950,000

문2 해답

1. 예산매출액

보급형:	300,000개×₩100 =	₩30,000,000
고급형:	50,000개×₩500 =	₩25,000,000
합계		₩55,000,000

2. 생산량예산(판매량+기말재고액−기초재고액)

보급형: 300,000개+60,000개−50,000개 = 310,000개

고급형: 50,000개+12,000개−10,000개 = 52,000개

3. 원재료 구매예산

	A	B	C
20×7년 소비량:			
보급형:	310,000개×5kg	310,000개×3kg	−
고급형:	52,000개×7kg	52,000개×5kg	52,000개×2개
합계	1,914,000kg	1,190,000kg	104,000개
20×7년말 재고량(+)	120,000	90,000	12,000
20×7년초 재고량(−)	100,000	80,000	10,000
20×7년 예산구매량	1,934,000kg	1,200,000kg	106,000개
예산구매가격	₩40	₩20	₩10
구입예산	₩77,360,000	₩24,000,000	₩1,060,000

4. 제품별 단위당 원가

	보급형		고급형	
직접재료비: A	5kg×₩40=	₩200	7kg×₩40=	₩280
B	3kg×₩20=	60	5kg×₩20=	100
C	–		2개×₩10=	20
직접노무비	4시간×₩40=	160	5시간×₩100=	500
제조간접비	4시간×₩100=	400	5시간×₩100=	500
제조단가		₩820		₩1,400

5. 20×7년 말 예상제품재고액

보급형: 60,000개×₩820 =	₩49,200,000
고급형: 12,000개×₩1,400 =	₩16,800,000
합계	₩66,000,000

문3 해답

1. 5월과 6월의 생산수량

	5월	6월	7월
(1) 판매수량	30,000	36,000	24,000
(2) 기말재고수량	+7,200	+4,800	
(3) 계	37,200	40,800	
(4) 기초재고수량	−6,000	−7,200	
(5) 생산예산수량	31,200	33,600	

2. 제조원가예산과 조업도차이

(1) 제조원가예산

변동제조원가예산

직접재료비(31,200×1×₩4)	₩124,800
직접노무비(31,200×0.2×₩10)	62,400
변동제조간접비(31,200×₩1)	31,200
계	₩218,400

고정제조간접비예산	150,000
제조원가예산	₩368,400

(2) 기준조업도차이

고정제조간접비 예산액	₩150,000
고정제조간접비 배부액 31,200×₩5=	156,000
기준조업도차이	₩6,000(F)

3. 5월의 구매예산(수량, 금액)

(1) 생산요구수량	31,200단위
(2) 기말원재료재고수량(33,600×1×0.5)	16,800
(3) 원재료사용가능수량	48,000
(4) 기초원재료재고수량(31,200×1×0.5)	15,600
(5) 구매예산(수량)	32,400
(6) 구매예산(금액)(32,400×₩4)	₩129,600

4. 예산손익계산서

(1) 매출액		₩600,000
(2) 매출원가		
표준매출원가(30,000×₩12)	₩360,000	
조업도차이	6,000(F)	354,000
(3) 매출총이익		₩246,000
(4) 판매비와 일반관리비		
변동판관비(30,000×₩2)	₩60,000	
고정판관비	40,000	
대손상각비(₩600,000×0.02)	12,000	112,000
(5) 순이익		₩134,000

문4 해답

1. 외상매출금의 8월말 잔액

₩36,000,000×50%×40% = ₩7,200,000

2. 외상매입금의 8월말 잔액

₩26,400,000×50%×50% = ₩6,600,000

3. 현금관리정책

(1) 현금예산편성

현금예산

기초현금잔액		₩900,000
현금회수액	₩18,300,000[*1]	
외상매출금회수	12,600,000	30,900,000
받을어음회수		
현금지출액		
외상매입금지급	₩12,120,000[*2]	
현금매입액	13,200,000[*3]	25,320,000
자금조달전 현금잔액		₩6,480,000
은행차입금		3,520,000
예상월말현금잔액		₩10,000,000

[*1] ₩7,500,000+₩36,000,000×50%×60% = ₩18,300,000

[*2] ₩5,520,000+₩26,400,000×50%×50% = ₩12,120,000

[*3] ₩26,400,000×50% = ₩13,200,000

(2) 현금관리정책

8월 말의 예상현금보유액은 ₩10,000,000인데 자금조달 전 현금잔액은 ₩6,480,000이므로 ₩3,520,000을 은행에서 차입하여야 한다.

문5 해답

1. 외상매출금

월초잔액	₩2,500,000
당월매출 $12{,}000{,}000 \times \frac{2}{3} =$	8,000,000
계	₩10,500,000
회수: 전월매출	2,500,000

	당월매출 8,000,000×70%=	5,600,000
계		₩8,100,000
월말잔액		₩2,400,000

2. 현금예산

기초잔액:			₩300,000
현금예산:	외상매출금회수	₩8,100,000	
	받을어음회수 8,400,000×50%=	4,200,000	12,300,000
가용현금계			₩12,600,000
현금유출:	당월현금매입 8,800,000×50%=	₩4,400,000	
	당월외상매입 8,800,000×50%×50%=	2,200,000	
	전월외상매입	5,500,000	(12,100,000)
기말잔액			₩500,000
필요현금계			₩1,000,000
현금부족계			₩500,000

∴ 현금부족예상액 ₩500,000을 차입하여야 한다.

문6 해답

1. 월별 상품구매예산

	4월	5월	6월
매출원가	₩630,000[*1]	₩560,000	₩700,000
월말상품재고액	882,000[*2]	735,000	539,000
판매가능액	₩1,512,000	₩1,295,000	₩1,239,000
월초상품재고액	833,000	882,000	735,000
당월매입액	₩679,000	₩413,000	₩504,000

[*1] ₩900,000×70%=₩630,000

[*2] (₩800,000+₩1,000,000)×70%×70%=₩882,000

2. 월별현금예산

	4월	5월	6월
현금유입			
매출대금회수			

2월매출	₩40,000 [*1]	–	–
3월매출	280,000 [*2]	₩56,000	
4월매출	450,000 [*3]	360,000	₩72,000
5월매출	–	400,000	320,000
6월매출	–	–	500,000
합계	₩770,000	₩816,000	₩892,000
현금지출			
상품매입대금지급			
3월매입	₩200,000	–	–
4월매입	407,400 [*4]	₩271,600 [*5]	–
5월매입	–	247,800	₩165,200
6월매입	–	–	302,400
소계	₩607,400	₩519,400	₩467,600
기타비용지급			
급여	₩100,000	₩100,000	₩100,000
보험료	–	–	60,000
임차료	300,000	–	–
변동영업비	45,000	40,000	50,000
소계	₩445,000	₩140,000	₩210,000
배당금지급	–	₩50,000	–
합계	₩1,052,400	₩709,400	₩677,600
월중현금순유입(출)액	(₩282,400)	₩106,600	₩214,400
기초현금보유액	222,400	40,000	146,600
최소현금잔고	(40,000)	(40,000)	(40,000)
차입액	₩100,000	–	–

[*1] ₩500,000 × 8% = ₩40,000

[*2] ₩700,000 × 40% = ₩280,000

[*3] ₩900,000 × 50% = ₩450,000

[*4] ₩679,000 × 60% = ₩407,400

[*5] ₩679,000 × 40% = ₩271,600

3. 예산손익계산서와 대차대조표

(1) 2/4분기 예산 손익계산서

I 매출액		₩2,700,000
II 매출원가		
1. 기초상품재고	₩833,000	

2. 당기매입액	1,596,000	
3. 기말상품재고	(539,000)	1,890,000
Ⅲ 매출총이익		₩ 810,000
Ⅳ 비용		
1. 급여	300,000	
2. 보험료	30,000	
3. 임차료	300,000	
4. 감가상각비	30,000	
5. 대손상각비	54,000	
6. 변동비	135,000	
7. 이자비용	2,000*	851,000
Ⅴ 당기순이익		(₩41,000)

* ₩100,000×1%×2 = ₩2,000

(2) 6/30일 재무상태표

현금	₩361,000	매입채무	₩201,600
매출채권	598,000[*1]	미지급임차료	300,000
재고자산	539,000	차입금	100,000
선급보험료	60,000	미지급이자	2,000
비품	120,000	부채총계	603,600
감가상각누계액	(30,000)	자본금	750,000
		이익잉여금	294,400[*2]
		자본총계	1,044,400
자산총계	₩1,648,000	부채 및 자본총계	₩1,648,000

[*1] ₩430,000+₩2,700,000−₩54,000−₩2,478,000 = ₩598,000
(기초매출채권) (2/4분기매출액) (대손상각) (대금회수)

[*2] 배당금은 이미 이사회 결의시 이익잉여금에 그 효과가 반영되었다.

문7 해답

1. 5월의 예상생산량

	X제품			Y제품		
	4월	5월	6월	4월	5월	6월
기초재고	20,000	28,000	32,000	8,000	12,000	10,000

판매량	50,000	70,000	80,000	20,000	30,000	25,000
기말재고	28,000	32,000		12,000	10,000	
생산량		74,000			28,000	

2.

	4월의 매출액	5월의 매출액
X:	50,000×₩50=₩2,500,000	70,000×₩50= ₩3,500,000
Y:	20,000×100= 2,000,000	30,000×100= 3,000,000
	₩4,500,000	₩6,500,000

5월의 현금회수액

4월의 외상매출금회수액	₩4,500,000×0.6×0.7=	₩1,890,000
5월의 외상매출금회수액	6,500,000×0.6×0.3=	1,170,000
5월의 현금매출액	6,500,000×0.4=	2,600,000
총현금회수액		₩5,660,000

3.

(1) A재료

	X	Y	합계
생산투입량	2×74,000=148,000	3×28,000=84,000	232,000
기초재고			25,000
기말재고			23,000
구입량			230,000

∴ 구입금액: 230,000×@₩6 = ₩1,380,000

(2) B재료

	X	Y	합계
생산투입량	1×74,000=74,000	2×28,000=56,000	130,000
기초재고			20,000
기말재고			18,000
구입량			128,000

∴ 구입금액: 128,000×@₩5 = ₩640,000

4. 제품의 기말재고예산금액

(1) X제품

① 단위당 원가

A재료	2×₩6 =	₩12
B재료	1×₩5 =	5
직접노무비	2×₩3 =	6
제조간접비	2×₩2 =	4
계		₩27

② 재고수량 32,000개

③ X제품 기말재고예산금액 : 32,000×₩27 = ₩864,000

(2) Y제품

① 단위당 원가

A재료	3×₩6 =	₩18
B재료	2×₩5 =	10
직접노무비	3×₩4 =	12
제조간접비	3×₩2 =	6
계		@₩46

② 재고수량 10,000개

③ Y제품 기말재고예산금액 : 10,000×₩46 = ₩460,000

문8 해답

1.

(1) 예상되는 수강생 수

중학생	800명×1.1 = 880명
고등학생	900명×1.05= 945명

(2) 예상되는 학생들의 수강시간

중학생	880명×15시간=	13,200시간
고등학생	945명×12시간=	11,340시간
합계		24,540시간

(3) 예상되는 정식 강사와 파트타임 강사의 수

	중학생	고등학생
기존강의 시간	12,000시간	10,800시간

강의실당 인원수	20명	15명
강의실×시간	600시간	720시간
강사 1인당 강의시간	20시간	18시간
필요한 정식 강사수	30명	40명
증분강의 시간	1,200시간	540시간
강의실×시간	60시간	36시간
파트타임 강사의 강의 시간	10시간	9시간
필요한 파트타임 강사수	6명	4명

(4) 정식 강사와 파트타임 강사의 임금

정식 강사			
중학생	30명×₩1,500,000×1.08	=	₩48,600,000
고등학생	40명×₩1,800,000×1.08	=	77,760,000
파트타임 강사			
중학생	6명×₩600,000	=	3,600,000
고등학생	4명×₩800,000	=	3,200,000
총 임금예상액			₩133,160,000

(5) 예상되는 수강료 수입액

중학생	880명×₩80,000	=	₩70,400,000
고등학생	945명×₩100,000	=	94,500,000
총 수강료 수입			₩164,900,000

2. 파트타임 강사에 대한 비용형태 분석

(1) 시간당 변동비(b)

$$b = \frac{₩18,000,000 - ₩15,000,000}{30,000 - 20,000} = ₩300/\text{시간당}$$

(2) 총고정비(a)

a = ₩15,000,000−₩300×20,000 = ₩9,000,000

(3) 원가방정식 추정: y = ₩9,000,000+300x

(4) 20×7년에 파트타임 강사에게 지급될 것으로 예상되는 비용

고정비	₩9,000,000
변동비(24,540시간×₩300)	7,362,000
총비용	₩16,362,000

문9 해답

1.

재 료			1분기
기초재고 (24,000×4)×25% =	24,000	당기사용 24,000×4 =	96,000
당기구입 (?)	107,000	기말재고 (35,000×4)×25% =	35,000
	131,000		131,000

∴ 1분기 재료구입액 = 107,000g×₩0.8 = ₩85,600

2.

2월 제품계정			
기초 4,100,000×0.7×0.25 =	717,500	판매 4,100,000×0.7 =	2,870,000
매입	2,817,500	기말 3,800,000×0.7×0.25 =	665,000

3.

	1월	2월	3월
매 출 액	₩500,000	₩550,000	₩660,000
현금매출	350,000	385,000	462,000
외상매출금 회수			
1월	90,000		
2월	60,000	99,000	
3월		66,000	118,800

∴ 3월 현금회수액 : 462,000+66,000+118,800 = ₩646,800

4.

(1) 판매예산

		1월		2월	3월
매출액		100,000		150,000	120,000
1월 회수	(0.3)	30,000			
2월 회수	(0.7)	70,000	(0.3)	45,000	

(2) 구매예산

	1월	2월	3월
매출원가	60,000	90,000	72,000
기말재고(+)	18,000	14,400	
기초재고(−)		18,000	
(현금)구매액		₩86,400	

∴ 2월 현금증가액 : 70,000+45,000−86,400−8,500 = ₩20,100

제13장 특수의사결정

문1 해답

〈사례1〉

(1) 외부구입시 원가

$60 \times 20,000 = 1,200,000$

(2) 외부구입시 원가절감액

$(6+30+12+9) \times 20,000 = 1,140,000$

(3) 외부구입시 이익

$1,200,000-(1,140,000+X) = \triangle 25,000$

$\therefore \ X = 85,000$

〈사례2〉

단위당 변동비 = (1,600,000−600,000)÷200,000 = ₩5

증분이익 = (₩7−₩5)×50,000 = ₩100,000

문2 해답

1. 자가제조 혹은 외부구입

서강자동차가 볼트와 너트를 자가생산하는 대안과 외부구입하는 대안에 관련된 스포츠카 V2의 단위당 원가자료는 다음과 같다.

	자가생산	외부구입
직접재료원가	₩400	₩360

직접노무원가	300	270
변동제조간접원가	100	90
볼트와 너트세트구입가격	0	90
총변동원가	₩800	₩810

상자를 자가생산하는 것이 상자당 ₩10만큼 원가를 절감하는 방법이 된다.

2. 최대구입가격

외부구매함으로써 회피가능한 원가:

직접재료원가(₩400×10%)	₩40
직접노무원가(₩300×10%)	30
변동제조간접원가(₩100×10%)	10
회피가능한 총원가	₩80
외부구입가격	₩90
자가생산으로 절감되는 원가	₩10

☞ 최대한의 구매가격은 세트당 ₩80이다. 회사는 이 금액보다 더 많이 지급하려 하지 않을 것이다. 왜냐하면, 이 금액이 V2 1단위를 자가생산하는 데 소요되는 원가를 나타내기 때문이다.

문3 해답

1. R제품 생산중단시

증분수익	변동비감소	₩13,000
증분비용	매출액감소	12,000
증분이익(손실)		₩1,000

2. R제품 생산중단으로 Q제품 250개 판매감소시

증분이익: 공헌이익 증가분	₩1,000
증분비용:	
Q제품 판매감소에 따른 공헌이익 감소분 250×(₩20−₩9−₩1.3)=	(2,425)
증분이익(손실)	(₩1,425)

3. 판매가격 인상시

변경시 공헌이익	1,000×₩0.5 =	₩500
변경전 공헌이익		(1,000)
증분이익(손실)		₩1,500

4. S제품생산으로 설비이용 전환시

S제품의 공헌이익	2,000×₩0.5 =	₩1,000
R제품의 공헌이익		(1,000)
증분이익(손실)		₩2,000

5. 질적 고려사항
- 특정제품라인 폐지에 따른 종업원 감원문제
- 판매하는 제품종류의 감소에 따른 기업이미지 손상
- 기술개발이나 기술축적의 기회상실
- 폐지되는 제품과 관련된 거래처와의 관계등을 고려해야 한다.
- 기존설비의 대체용도

문4 해답

1. 특별주문의 수락

증분수익	1,000개×@₩150		₩150,000
증분비용			
직접재료비	1,000개×@₩30 =	₩30,000	
직접노무비	1,000개×0.5시간×@₩60 =	30,000	
변동제조간접비	1,000×₩36+500시간×@₩120 =	96,000	156,000
증분이익			(₩6,000)

따라서 특별주문을 거절해야 한다.

2. 특별주문의 수락

증분수익	1,000개 × @₩150 =		₩150,000
증분비용			
직접재료비	1,000개 × @₩30 =	₩30,000	
직접노무비	1,000개 × 0.5시간 × @₩60 =	30,000	
변동제조간접비	500시간 × @₩150 =	75,000	135,000
증분이익			₩15,000

따라서 특별주문을 수락해야 한다.

3. 예측오차의 원가
   1) 최초의 의사결정: 특별주문을 받아들임.
   2) 생산담당 이사의 원가추정함수를 이용할 경우의 의사결정: 받아들이지 않음. 이때의 증분이익은 "0"이다.
   3) 특별주문을 받아들이고, 생산담당 이사의 원가추정함수에 따라 제조간접비가 발생할 경우 증분손실 = ₩6,000
   4) 예측오차의 원가 = ₩0 − (−₩6,000) = ₩6,000

문5 해답

1. 자가제조시 관련원가 분석

	A	B	C	D
증분수익	4,000	8,200	10,000	9,000
증분비용	3,500	7,000	9,000	11,500
증분이익(손실)	₩500	₩1,200	₩1,000	(₩2,500)
의사결정	자가제조	자가제조	자가제조	외부구입

2. 자가제조한다. 문제에서 변동제조원가만이 회피가능원가라고 하였으므로 A부품에 배부된 고정제조간접비는 관련원가가 아니다. 그러므로 변동제조원가가 외부구입원가 보다 작기 때문에 자가제조한다.

3.
   1) 제약조건이 있는 경우의 자가제조 순위결정: 시간당 원가절감액 순서

	A	B	C
자가제조시 원가절감액	₩500	₩1,200	₩1,000
단위당 기계시간	2	3	1
기계시간당 원가절감액	₩250	₩600	₩1,000
자가제조 순서	3	2	1

2) 제약조건하에서의 최종의사결정

부품	소요량	단위당기계시간	연간기계시간	누적기계시간	의사결정
C	2,000	1	2,000	2,000	자가제조
B	2,000	3	6,000	8,000	자가제조
A	1,500	2	3,000	10,000	1,000개 자가 500개 외부
D					1,000개 외부

4. 부품 D의 기계시간당 원가절감액이 최소한 자가제조 3순위인 부품 A의 기계시간당 원가절감액 ₩50보다 커야만 자가제조하는 것이 유리하다.
(P－₩11,500)/2 ≥ ₩250
∴ P ≥ ₩12,000

문6 해답

1.
대안 I : C제품으로 판매
대안 II : C제품을 추가가공하여 F제품으로 판매
대안 III : C제품을 외부구입하여 F제품으로 판매

	대안 I	대안 II	대안 III
단위당 판매가격	₩300,000	₩700,000	₩700,000
단위당 변동비	170,000	470,000	600,000
단위당 공헌이익	₩130,000	₩230,000	₩100,000
단위당 소요시간	$\frac{1}{3}$시간	$\frac{5}{6}$시간*	$\frac{1}{2}$시간
시간당 공헌이익	₩390,000	₩276,000	₩200,000
우선순위	1순위	2순위	3순위

* $\frac{1}{3}$시간 + $\frac{1}{2}$시간 = $\frac{5}{6}$시간

∴ 최적 대안: C제품에 30,000시간을 투입하여 90,000단위의 제품을 생산하여 판매한다.

2.

추가가공이 유리하기 위해서는 추가가공으로 인한 시간당 공헌이익이 C제품 판매시 시간당 공헌이익보다 최소한 ₩390,000 이상이어야 한다. 따라서 F의 가격을 P라 하면

$(P-470,000) \div \frac{5}{6}$시간 $\geq$ ₩390,000

∴ $P \geq 795,000$

즉 추가가공하는 것이 유리한 최종제품 F의 판매가격은 최소한 ₩795,000 이상이어야 한다.

3.

F제품 1단위 생산시 $\frac{5}{6}$시간이 소요된다. $\frac{5}{6}$시간으로 C제품 판매로 얻을 수 있는 공헌이익의 상실분이 F제품 1단위 생산의 기회비용이 된다.

∴ 기회비용 = $\frac{5}{6}$시간 × ₩390,000 = ₩325,000

4.

	대안 I	대안 II	대안 III
단위당 판매가격	₩300,000	₩700,000	₩700,000
단위당 변동비	170,000	470,000	600,000
단위당 공헌이익	₩130,000	₩230,000	₩100,000
단위당 소요시간	$\frac{1}{3}$시간	$\frac{1}{2}$시간	$\frac{1}{2}$시간
시간당 공헌이익	₩390,000	₩460,000	₩200,000
제약조건하의 생산량	45,000단위	30,000단위	

∴ 최적 의사결정은 다음과 같다.

① 1공정에서 생산된 45,000단위의 C제품 중 30,000단위 추가가공하여 판매

② 1공정에서 생산된 45,000단위의 C제품 중 15,000단위 그대로 외부 판매

∴ 총공헌이익 = 30,000 × 230,000 + 15,000 × 130,000 = ₩8,850,000,000

5.

	대안 I	대안 II	대안 III
단위당 판매가격	₩300,000	₩700,000	₩700,000
단위당 변동비	250,000	490,000	620,000
단위당 공헌이익	₩50,000	₩210,000	₩80,000
시간당 공헌이익	₩150,000	₩252,000	₩160,000
우선순위	3순위	1순위	2순위

∴ 최적의사결정은 다음과 같다.

① C 30,000단위를 추가가공하여 F로 판매: $30,000 \times \frac{5}{6}$시간 = 25,000시간

② C를 외부구입하여 F로 판매: (30,000－25,000시간)×2 = 10,000단위

∴총공헌이익 = 30,000×210,000+10,000×80,000 = ₩7,100,000,000

6. C제품 300개 특별주문 수락시

① C제품 300단위 추가가공 포기로 인한 공헌이익의 상실분: 300×210,000

② 추가가공 포기로 여유시간 발생으로 C제품은 외부구입하여 F로 판매

$300 \times \frac{1}{2}$시간×₩160,000/시간

∴ 기회비용 = 300×210,000－300×1/2×160,000 = ₩39,000,000

∴ 최저판매가격: (P－250,000)×300 ≥ ₩39,000,000　　∴ P ≥ ₩380,000

문7 해답

1.

(1) 가격유지시 영업이익을 $\pi 1$이라 두면

$\pi 1$ = (₩7,000－₩4,500)×24,000－₩33,600,000 = ₩26,400,000

(2) 가격인하시 영업이익을 $\pi 2$라 두면

$\pi 2$ = (₩6,000－₩4,500)×24,000×1.1－₩33,600,000 = ₩6,000,000

∴ $\pi 1 > \pi 2$이므로 가격유지안이 유리하다.

2.

정부로부터의 특별주문을 수락할 경우의 관련이익을 계산한다.

관련수익	(₩3,000+500)×2,000×1.1=	₩7,700,000
관련비용		
변동제조원가증가액	₩3,000×2000=	6,000,000
관련이익		₩1,700,000

∴ 관련이익 > 0 이므로 정부로부터의 특별주문을 수락한다.

3.

특별주문을 수락할 경우의 관련이익을 계산한다.

관련수익			2,000P
관련비용			
정규매출감소로 인한 CM감소	(7,000−4,500)×1,000=	2,500,000	
유휴설비의 대체적 용도		1,000,000	
변동제조원가증가액	3,000×2,000=	6,000,000	9,500,000
관련이익			2,000P−9,500,000

∴ 2,000P−9,500,000 ≥ 0

∴ P ≥ 4,750

∴ 최소한의 단위당 판매가격은 ₩4,750이다

4.

단위당 외부구입가격을 P라 하면 외부구입으로 인한 관련이익은 다음과 같다.

관련수익			
변동제조원가절감액	₩3,000×24,000=	₩72,000,000	
변동판매비절감액	₩1,500×0.2×24,000=	7,200,000	
고정제조간접비절감액	₩12,000,000×0.7=	8,400,000	₩87,600,000
관련비용			
외부구입비용	P×24,000=		P×24,000
관련이익			₩87,600,000−24,000P

∴ 87,600,000−24,000P ≥ 0

P ≤ 3,650

∴ 단위당 최대구입가격은 ₩3,650이 된다.

5.

(1) 12,000,000/x단위 = ₩1,000

∴ x = 12,000단위

(2) 공헌이익/영업이익

매출액	12,000단위×₩6,000 =	₩72,000,000
변동비	12,000단위×₩2,500 =	30,000,000
공헌이익		₩42,000,000
고정비	12,000단위×₩1,300 =	15,600,000
영업이익		₩26,400,000

∴ 공헌이익 = ₩42,000,000
영업이익 = ₩26,400,000

(3) A제품 자가제조 판매시의 이익 :

(7,000－3,000－1,500)×24,000－₩12,000,000－₩21,600,000 = ₩26,400,000

∴ A제품을 외부구입하고 B제품을 자가제조할 경우 최소 ₩6,600,000의 증분이익이 요구된다.

관련수익			
A제품자가제조원가감소액	₩3,000×24,000 =	72,000,00	
A제품변동판매비감소액	₩1,500×0.2×24,000 =	7,200,000	
B제품CM증가액	(6,000－1,700－800)×12,000=	42,000,000	₩121,200,000
관련비용			
고정판관비증가액	₩300×12,000 =	3,600,000	
A제품외부구입비용	₩P×24,000 =	24,000P	3,600,000+24,000P
관련이익			₩117,600,000－24,000P

∴ ₩117,600,000－24,000P ≥ ₩6,600,000
P ≤ ₩4,625
∴ 단위당 최대구입가격은 ₩4,625가 된다.

문8 해답

1.

	A	B	C	합계
감가상각비	10,000[*1]	15,000	25,000	50,000
작업준비비	35,000[*2]	21,000	14,000	70,000
계	45,000	36,000	39,000	120,000

*1 $50{,}000 \times \frac{200{,}000}{1{,}000{,}000} = 10{,}000$

*2 $45{,}000 - 10{,}000 = 35{,}000$

2.

증분수익	60,000+40,000+35,000+72,000×0.4 =	163,800
증분비용		(200,000)
증분이익(손실)		(36,200)

3.

(1)

증분수익	①	163,800	
	② 500,000×0.3 =	150,000	313,800
증분비용	①	200,000	
	② (140,000+100,000)×0.3+14,000×0.25 =	75,500	
	③ 152,000×0.4×0.3 =	18,240	(293,740)
증분이익			20,060

∴ 폐지하여야 한다.

(2)

매출		150,000
변동비	75,500+18,240 =	(93,740)
공헌이익		56,260

∴ 기회비용 = 56,260

4. 총공헌이익 = 1,000,000−500,000 = 500,000

공헌이익률 = 500,000÷1,000,000 = 0.5

손익분기점 매출액 = 440,000÷0.5=880,000

∴ A = 880,000×0.2 = 176,000

B = 880,000×0.3 = 264,000

C = 880,000×0.5 = 440,000

문9 해답

1. 테이블제품 생산을 중단한다면

증분수익			
변동제조원가 감소		300,000	
마케팅과 유통원가 감소		70,000	370,000
증분비용			
매출액 감소			500,000
증분이익(손실)			(130,000)

∴ 테이블제품을 계속 생산한다.

2. 가구사업부를 폐지한다면

증분수익			
변동제조원가 감소		825,000	
마케팅과 유통원가 감소		205,000	
일반고정관리비	330,000×0.8 =	264,000	1,294,000
증분비용			
매출액 감소			1,600,000
증분이익(손실)			(206,000)

∴ 가구사업부를 계속 유지하여야 한다.

3. 테이블제품 3,000개를 추가 생산 · 판매한다면

증분수익			
매출액 증가	(500,000÷4,000)×3,000=		375,000
증분비용			
변동제조원가 증가	(300,000÷4,000)×3,000=	225,000	
설비 취득원가		42,000	
마케팅과 유통원가 증가	750×(3,000÷100*)=	22,500	289,500
증분이익(손실)			85,500

* 1회 선적하는 제품수량: 4,000개÷40회 = 100개

문10 해답

1. 총공헌이익=(180−25−37.5−17.5−10)×8,000=₩720,000

2.

(1) 최적생산/구매계획

	사무용책상제조		사무용책상구입		아동용책상제조	
단위당판매가격		₩180		₩180		₩100
단위당 변동비						
직접재료비	₩25		₩136		₩20	
직접노무비	37.5		−		15	
변동제조간접비	17.5		−		7	
변동판매비와관리비	10	90	10	146	10	52
단위당공헌이익		₩90		₩34		₩48
단위당직접노동시간		÷1.25		−		÷0.5
시간당공헌이익		₩72		−		₩96
우선순위		2				1
생산량 또는 구입량		1,000개		11,000개		17,500개
소요시간		1,250시간				8,750시간

사무용책상의 단위당 직접노동시간 = 37.5÷30 = 1.25시간
회사의 최대직접노동시간 = 1.25×8,000개 = 10,000시간
고정제조간접비 시간당 배부율 = ₩40,000÷10,000 = ₩4
사무용책상 단위당 변동제조간접비 = 22.5−1.25×4 = ₩17.5
아동용책상의 단위당 직접노동시간 = 15/30 = 0.5시간
아동용책상의 단위당 변동제조간접비 = ₩9−(0.5×4) = ₩7
∴ 최적생산계획/구매계획
사무용책상을 1,000개 생산
아동용책상 17,500개 생산
사무용책상 11,000개 외부구입

(2) 증가하는 공헌이익

관련수익		
아동용책상 생산에 따른 CM증가액	₩48×17,500=	₩840,000
사무용책상 외부구입시 CM증가액	₩34×11,000=	374,000
관련비용		
사무용책상 생산감소에 따른 CM감소액	₩90×7,000=	630,000
관련이익		₩584,000

따라서 증가하는 공헌이익은 ₩584,000이다.

3.

(1) 제품별 자가제조 및 외부구입량 배합

주문을 수락하게 될 경우 400×0.5시간 = 200시간을 추가로 아동용책상에 투입해야 하므로 그만큼 사무용책상의 자가제조를 포기해야 한다. 그러나 대신 사무용책상의 외부구입을 증가시킬 수 있게 된다.

	사무용책상제조	사무용책상구입	아동용책상제조
생산량 또는 구입량	840개	11,160개	17,900개
소요시간	1,050시간	–	8,950시간

따라서 사무용책상 840개 생산, 아동용책상 17,900개 생산, 사무용책상 11,160개를 외부구입하는 것이 최적배합이다.

(2) 기회비용

사무용책상제조 160개 포기에 따른 이익	160×90 =	₩14,400
사무용책상 외부구입 증가에 따른 이익	160×34 =	5,440
주문을 수락함으로써 포기하는 이익		₩8,960

(3) 최저가격

(52×400+8,960)÷400 = ₩74.4

4.

(1) 최적생산/제품구매계획

	사무용책상제조	사무용책상구입	아동용책상제조
단위당공헌이익	₩50	30	₩40
단위당직접노동시간	1.25시간	–	0.5시간
시간당공헌이익	₩40	–	₩80
우선순위	2	–	1

생산또는 구입량	1,000개	11,000개	17,500개
소요시간	1,250시간	–	8,750시간

아동용책상 1단위를 자가제조하지 않고 외부구입하는 경우의 증분이익을 구하면

아동용책상 1단위 외부구입에 따른 CM증가액	₩36
아동용책상 1단위 자가제조포기에 따른 CM감소액	−40
사무용책상 0.4단위* 자가제조에 따른 CM증가액	20
사무용책상 0.4단위 외부구입포기에 따른 CM감소액	−12
증분이익	₩4

* 0.5/1.25 = 0.4단위

∴ 아동용책상의 경우 자가제조보다 외부구입하는 것이 더 유리하다. 이렇게 함으로써 최적제품배합은 다음과 같이 달라진다.

	사무용가방제조	사무용가방구입	아동용가방제조	아동용가방구입
생산량 또는 구입량	8,000개	4,000개	0	17,500개
소요시간	10,000시간	–	–	–

(2) 이 경우 증가되는 공헌이익을 구하면

관련수익		
사무용가방자가제조에 따른 CM증가액	(8,000−1,000)×50 = 350,000	
아동용가방외부구입에 따른 CM증가액	17,500×36 = 630,000	₩980,000
관련비용		
사무용가방외부구입감소에 따른 CM감소액	(11,000−4,000)×30 = 210,000	
아동용가방자가제조포기에 따른 CM감소액	17,500×40 = 700,000	910,000
관련이익		₩70,000

☞ 이는 아동용가방 1단위 외부구입하는 경우의 증분이익(₩4)×17,500단위 = ₩70,000으로 설명할 수도 있다.

문11 해답

1. A공정의 공손원가

공손수량 = 5,000×4% = 200개

공손원가 = 변동비 + 고정비

$$= 200 \times ₩120 + \frac{₩700,000}{5,000} \times 200 = ₩52,000$$

A공정의 단위당 원가 $= ₩120 + \frac{₩700,000}{5,000} = ₩260$/단위

B공정의 공손원가

공손수량 = (5,000 − 200) × 5% = 240개

공손원가 = 전공정비 + 변동비 + 고정비

$$= 240 \times (₩260 + ₩30 + \frac{₩120,000}{4,800}) = ₩75,600$$

2. 외부구입 여부

증분수익: 매출액증가	100 × 95% × ₩320 =		₩30,400
증분비용: 추가가공비	100 × ₩30 =	₩3,000	
외부구입비	100 × ₩200 =	20,000	23,000
증분이익			₩7,400

∴ 외부에서 구입한다.

3. 품질프로그램 도입 여부

증분수익: 매출액증가	5,000 × (4% − 2%) × 95% × ₩320 =	₩30,400
증분비용: 추가가공비	100 × ₩30 = ₩3,000	
프로그램실행비	15,000	18,000
증분이익		₩12,400

∴ 프로그램을 도입한다.

4. 품질프로그램 도입 여부

증분수익: 매출액증가	5,000 × 96% × (5% − 2%) × ₩320 =	₩46,080
증분비용: 프로그램실행		20,000
증분이익		₩26,080

∴ 프로그램을 도입한다.

문12 해답

1. 증분수익

제품X 매출액	50,000개×₩150=	₩7,500,000
제품X 매출액+제품Y매출액	50,000개×₩130+30,000개×₩120 =	10,100,000
증분수익		₩2,600,000

2. 증분비용

	제품X의 비용		(제품X+제품Y)의 비용	
기초원가	50,000×₩40=	₩2,000,000	50,000×₩40+30,000×₩50=	₩3,500,000
간접비	50롯트×₩5,000=	250,000		400,000
	12,500시간×₩50=	625,000		1,600,000
총원가		₩2,875,000		₩5,500,000

∴ 증분비용 = ₩5,500,000−₩2,875,000 = ₩2,625,000

3. 의사결정

증분수익	₩2,600,000
증분비용	2,625,000
증분손실	₩25,000

따라서 제품Y를 생산하지 말아야 한다.

문13 해답

(1) 특별주문 수락전

구 분	A	B
단위당 판매가격	₩8,500	₩14,000
단위당 직접재료비	1,500	2,000
단위당 직접노무비	1,000	3,000
단위당 변동제조간접비	600	1,000
단위당 변동제조원가	3,100	6,000

단위당 변동판매비	1,500	2,000
단위당 공헌이익	₩3,900	₩6,000
기계시간	1시간	1.5시간
기계시간당 공헌이익	₩3,900/시간	₩4,000/시간
시장수요	21,500개	36,500개
필요시간	21,500시간	54,750시간
시간배분	21,500시간	54,750시간
최적생산배합	21,500개	36,500개

☞ B제품 변동판매비의 구성 : 2,000 = 14,000×10%+600

☞ 생산설비 확장으로 사용가능한 기계시간이 90,000시간이 되었다. 따라서 시장수요만큼 다 생산하고, 유휴시간이 13,750(90,000－21,500－54,750)시간이다.

(2) 특별주문을 수락하는 경우

증분수익 :	19,000개[*1]×10,000	=	190,000,000
매출액 증가			
증분비용			
변동제조원가 증가	19,000개×(2,000+3,000+1,000)	=	114,000,000
변동판매비 증가	19,000개×(10,000×5%+600)	=	20,900,000
고정판매비 증가			1,000,000
기회비용	(28,500시간[*2]－13,750시간)×3,900	=	57,525,000
증분이익(손실) :			(3,425,000)

[*1] 기대수량 = 10,000×0.3+20000×0.5+30,000×0.2 = 19,000개

[*2] 기대소요시간 = 19,000개×1.5시간 = 28,500시간

해설

1. 특별주문 의사결정 이전에 이미 생산설비를 확장하였으므로 생산설비 확장과 관련된 고정제조간접비 증가액은 특별주문 의사결정의 관련원가가 아니다.

2. 변동판매비 중 일부가 매출액에 의하여 결정되므로 매출액(특별주문가격)이 변하면 단위당 변동판매비도 변하게 된다. 즉, B제품의 변동판매비는 항상 단위당 ₩2,000이 아니고 매출액의 변동에 따라 변할 수 있다.

3. 유휴시간에 대해서는 기회비용이 발생하지 않으나 특별주문을 수락하기 위하여 정상판매가능한 A제품의 판매를 감소시켜야 하므로 이때 기회비용이 발생한다.

4. 생산량을 증가시키는 경우에는 제약조건당 공헌이익이 큰 제품부터 생산하고, 생산량을 감소시켜야 하는 경우에는 제약조건당 공헌이익이 작은 제품부터 감소시켜야 한다.

문14 해답

1.

	기존설비 이용		신설비 임차
증분수익	₩1,400×3,000 =	₩4,200,000	₩4,200,000
증분비용			
변동제조원가	₩1,000×3,000 =	3,000,000	3,000,000
임차료		–	1,500,000
증분이익		₩1,200,000	₩(300,000)

2. 완전정보의 기대가치

(1) 완전정보하의 기대가치

기존설비를 이용가능하다는 정보하의 기대가치 = ₩1,200,000

신설비를 임차해야 한다는 정보하의 기대가치 = ₩0

∴ 완전정보하의 기대가치 = ₩1,200,000×0.6+₩0×0.4 = ₩720,000

(2) 기존정보하의 기대가치

주문을 수락하는 경우

기존설비가 이용가능한 경우 기대이익 = ₩1,200,000

신설비를 임차해야 하는 경우 기대이익 = ₩(300,000)

주문을 수락하는 경우 기대가치

= ₩1,200,000×0.6+₩(300,000)×0.4 = ₩600,000

주문을 수락하지 않는 경우 기대가치 = ₩0

∴ 기존정보하에서는 주문을 수락하고, 이때의 기대가치는 ₩600,000이다.

(3) 완전정보의 가치

= 연구소에 지출할 수 있는 최대비용

= 완전정보하의 기대가치−기존정보하의 기대가치

= ₩720,000−₩600,000

= ₩120,000

문15 해답

1. 손익분기점 달성확률

A기계의 손익분기점 판매량$=\dfrac{₩150,000}{₩400-₩200}=$ 750개

B기계의 손익분기점 판매량$=\dfrac{₩400,000}{₩500-₩100}=$ 1,000개

A기계가 손익분기점을 넘을 확률: P(판매량 ≥ 750), 이를 Z분포로 변경하면

$$=P(Z \geq \frac{750-1{,}000}{125} \quad \leftarrow \quad Z=\frac{x-E(x)}{\sigma(x)}$$

$$=P(Z \geq -2)=0.5+P(0 \leq Z \leq 2)$$

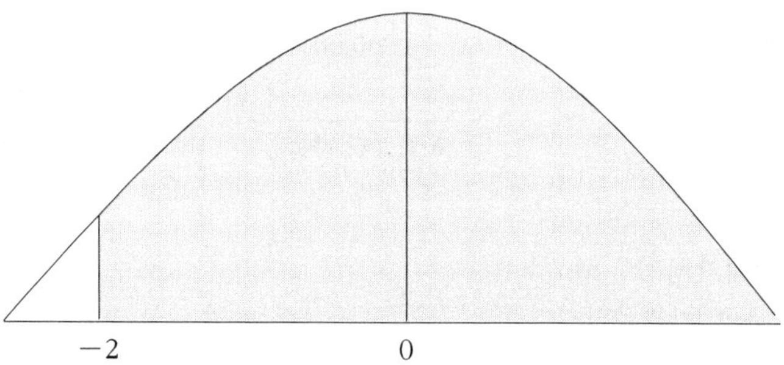

B기계가 손익분기점을 넘을 확률: P(판매량≥1,000), 이를 Z분포로 변경하면

$$=P(Z \geq \frac{1{,}000-1{,}200}{200})$$

$$=P(Z \geq -1)=0.5+P(0 \leq Z \leq 1)$$

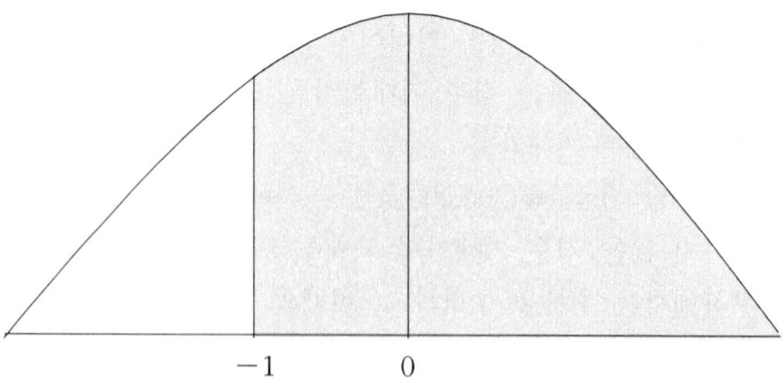

∴ 두 대안 중에서 손익분기점을 넘을 확률이 큰 대안은 A기계이다.

2. 목표영업이익 달성확률

A기계가 ₩100,000 이상의 영업이익을 내기 위한 판매량

$$=\frac{₩150,000+₩100,000}{₩400-₩200}=1,250\text{개}$$

B기계가 ₩100,000 이상의 영업이익을 내기 위한 판매량

$$=\frac{₩400,000+₩100,000}{₩500-₩100}=1,250\text{개}$$

A기계가 ₩100,000 이상의 영업이익을 낼 확률: P(판매량 ≥ 1,250),

$$=P(Z\geq\frac{1,250-1,000}{125})$$

$$=P(Z\geq 2)$$

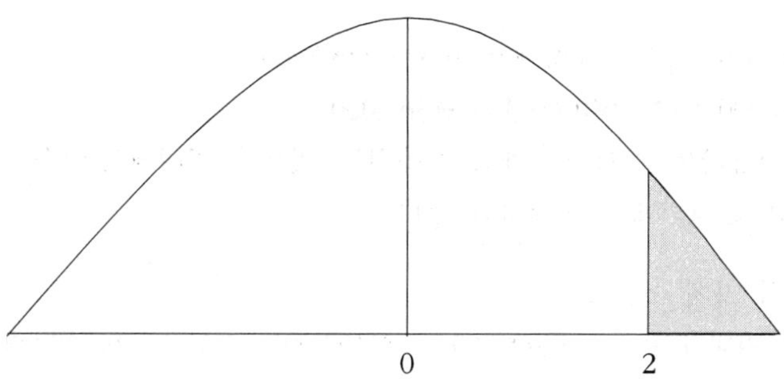

B기계가 ₩100,000 이상의 영업이익을 낼 확률: P(판매량 ≥ 1,250),

$$=P(Z\geq\frac{1,250-1,200}{200})$$

$$=P(Z\geq 0.25)$$

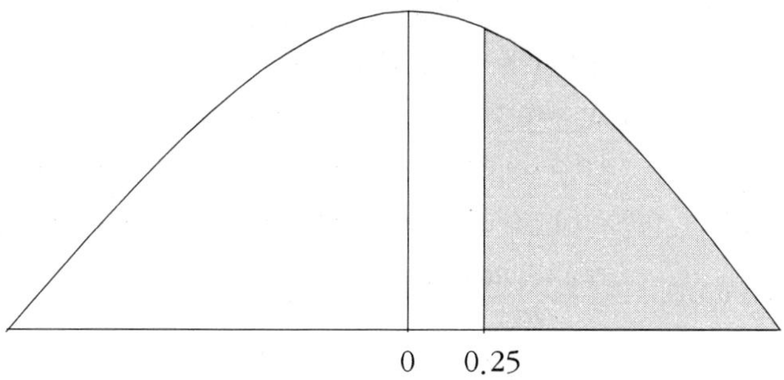

∴ 두 대안 중에서 영업이익을 ₩100,000 이상 달성할 확률이 높은 대안은 B기계이다.

3. 정보의 가치

(1) 각 상황별 성과표

행동대안	상황 호경기(0.7) 수요량 3,000개	 불경기(0.3) 수요량 1,00개
a_1: A기계구입	₩750,000[*1]	₩150,000[*3]
a_2: B기계구입	800,000[*2]	0[*4]

[*1] 영업이익 = (₩500 − ₩200) × 3,000 − ₩150,000

[*2] 영업이익 = (₩500 − ₩100) × 3,000 − ₩400,000

[*3] 영업이익 = (₩500 − ₩200) × 1,000 − ₩150,000

[*4] 영업이익 = (₩500 − ₩100) × 1,000 − ₩400,000

$E(a_1)$ = ₩750,000 × 0.7 + ₩150,000 × 0.3 = ₩570,000

$E(a_2)$ = ₩800,000 × 0.7 + ₩0 × 0.3 = ₩560,000

∴ A기계를 사용하는 것이 B기계를 사용하는 것보다 기대영업이익이 ₩10,000 만큼 높으므로 A기계를 선택하야 한다.

(2) 완전정보의 가치

완전정보하의 기대가치: ₩800,000 × 0.7 + ₩150,000 × 0.3 =	₩605,000
기존정보하의 기대가치	570,000
완전정보의 기대가치(EVPI)	₩35,000

∴ 완전정보를 구입하는데 지불할 수 있는 최대금액은 ₩35,000이다.

(3) 불완전정보의 기대가치

사전확률	상황 호경기(x_1) $P(x_1)=0.7$	 불경기(x_2) $P(x_2)=0.3$	
y_1: 호경기로 예측	$0.7 \times 0.9 = 0.63$	$0.3 \times 0.2 = 0.06$	$P(y_1) = 0.69$
y_2: 불경기로 예측	$0.7 \times 0.1 = 0.07$	$0.3 \times 0.8 = 0.24$	$P(y_2) = 0.31$

사후확률: $P(x_i \mid y_i) = \dfrac{P(x_i) \times P(y_i \mid x_i)}{P(y_i)}$

$$P(x_1 \mid y_1) = \frac{P(x_1) \times P(y_1 \mid x_1)}{P(y_1)} = \frac{0.63}{0.69} = 0.91$$

$$P(x_2 \mid y_1) = \frac{P(x2) \times P(y_1 \mid x_2)}{P(y_1)} = \frac{0.06}{0.69} = 0.09$$

$$P(x_1 \mid y_2) = \frac{P(x1) \times P(y_2 \mid x_1)}{P(y_2)} = \frac{0.07}{0.31} = 0.23$$

$$P(x_2 | y_2) = \frac{P(x_2) \times P(y_2 | x_2)}{P(y_2)} = \frac{0.24}{0.31} = 0.77$$

① 호경기라는 정보(y_1)가 주어질 경우의 최적행동대안

E(a_1) = ₩750,000×0.91+₩150,000×0.09 = ₩696,000

E(a_2) = ₩800,000×0.91+₩0×0.09 = 728,000

∴ 기대 영업이익이 높은 B기계를 선택하고, 이때의 영업이익은 ₩728,000이다.

② 불경기라는 정보(y2)가 주어질 경우의 최적행동대안

E(a_1) = ₩750,000×0.23+₩150,000×0.77 = ₩288,000

E(a_2) = ₩800,000×0.23+₩0×0.77 = 184,000

③ 불완전정보의 기대가치

불완전정보하의 기대가치 = ₩728,000×0.69+₩288,000×0.31 =	₩591,600
기존정보하의 기대가치	570,000
	₩21,600

∴ 불완전정보를 구입하기 위해 지불할 수 있는 최대금액은 ₩21,600이다.

문16 해답

1.

(1) A사에 판매할 경우 단위당 공헌이익

단위당 판매가격	₩140
단위당 변동원가	120(₩2,400,000/20,000)
단위당 공헌이익	₩20

(2) 성과표와 기대가치

	사건		
	판매량: 3,500단위	판매량: 5,000단위	
행동	s_1 (0.4)	s_2 (0.6)	기대가치
A1: A사에 판매	₩70,000*1	₩100,000	₩88,000*2
A2: 제품B 생산	90,000	90,000	90,000

*1 3,500×20 = 70,000

*2 ₩70,000×0.4+₩100,000×0.6 = ₩88,000

2. 완전정보의 기대가치

완전정보의 기대성과	0.4×₩90,000+0.6×₩100,000 = ₩96,000
기존정보의 기대가치(A2)	90,000
완전정보의 기대가치	₩6,000

3. 불완전정보의 기대가치

(1) 사후확률

① 사건이 주어질 경우 각 보고서가 제시될 확률

$P(R_1/s_1) = 0.7 \quad P(R_2/s_1) = 0.3$

$P(R_1/s_2) = 0.3 \quad P(R_2/s_2) = 0.7$

② 각 보고서가 보고될 확률

$P(R_1) = 0.7\times0.4+0.3\times0.6 = 0.46$

$P(R_2) = 0.3\times0.4+0.7\times0.6 = 0.54$

③ 각 보고서가 주어진 경우 각 사건이 발생할 확률

$$P(s_1/R_1)=\frac{P(R_1/s_1)\times P(s_1)}{P(R_1)}=\frac{0.7\times0.4}{0.46}=0.609$$

$$P(s_2/R_1)=\frac{P(R_1/s_2)\times P(s_2)}{P(R_1)}=\frac{0.3\times0.6}{0.46}=0.391$$

$$P(s_1/R_2)=\frac{P(R_2/s_1)\times P(s_1)}{P(R_2)}=\frac{0.3\times0.4}{0.54}=0.222$$

$$P(s_2/R_2)=\frac{P(R_2/s_2)\times P(s_2)}{P(R_2)}=\frac{0.7\times0.6}{0.54}=0.778$$

(2) 수정된 확률의 기대가치

① R_1이 주어진 경우의 기대가치

A1: ₩70,000×0.609+₩100,000×0.391 = ₩81,730

A2: ₩90,000×0.609+₩ 90,000×0.391 = ₩90,000

∴ R_1이 주어지면, A2 선택(즉, A사의 주문을 거절하고, 제품B 생산)

② R_2가 주어진 경우의 기대가치

A1: ₩70,000×0.222+₩100,000×0.778 = ₩93,340

A2: ₩90,000×0.222+₩ 90,000×0.778 = ₩90,000

∴ R_2가 주어지면, A1선택(즉, A사의 주문을 받아들임)

(3) 불완전정보의 가치

불완전정보하의 기대가치	₩90,000×0.46+₩93,340×0.54 = ₩91,803.6
기존 최적대안의 기대가치	90,000.0
불완전정보의 가치	₩1,803.6

(4) 결론

불완전정보의 가치가 ₩1,803.6이고 정보의 구입비용이 ₩2,000이므로 정보를 구입할 필요가 없다.

문17 해답

1. 기대화폐가치극대화 기준

(1) 성과표

	상황	호황(S_1)	보통(S_2)	불황(S_3)
	확률(P_s)	0.3	0.5	0.2
A1: A제품 생산판매		₩2,900,000[*1]	₩1,550,000	−₩250,000
A2: B제품 생산판매		₩625,000[*2]	₩1,000,000	₩1,375,000

[*1] (₩5,000−₩500)×1,000−₩1,600,000 = ₩2,900,000

[*2] (₩2,000−₩1,250)×1,500−₩500,000 = ₩625,000

(2) 기대가치

E(A1) = ₩2,900,000×0.3+₩1,550,000×0.5−₩250,000×0.2 = ₩1,595,000

E(A2) = ₩625,000×0.3+₩1,000,000×0.5+₩1,375,000×0.2 = ₩962,500

∴ A제품을 생산하여 판매한다.

2. 완전정보의 기대가치

(1) 완전정보시 행동대안

상황(S)	확률	행동대안	성과치	기대이익
호황(S_1)	0.3	A1	₩2,900,000	₩870,000
보통(S_2)	0.5	A1	1,550,000	775,000
불황(S_3	0.2	A2	1,375,000	275,000

(2) 완전정보하의 기대가치 ₩1,920,000

기존정보하의 기대가치 1,595,000

완전정보의 기대가치(EVPI) ₩325,000

☞ 완전정보의 기대가치란 미래의 상황을 100% 완전하게 예측할 수 있는 완전한 정보를 얻게 될 경우 지급할 수 있는 최대금액을 의미한다.

3. 불완전정보하의 의사결정

(1) 사후확률의 산출

$$P(S_i \mid R_j) = \frac{P(Si) \times P(R_j \mid S_i)}{P(R_j)}$$

각 보고서를 받을 확률: $P(R_j)$

$$P(R_1) = \sum_{i=1}^{3} = P(S_i) \times P(R_1|S_i) = 0.3\times0.7+0.2\times0.5+0.2\times0.1 = 0.33$$

$$P(R_2) = \sum_{i=1}^{3} = P(S_i) \times P(R_2|S_i) = 0.3\times0.2+0.5\times0.5+0.2\times0.3 = 0.37$$

$$P(R_3) = \sum_{i=1}^{3} = P(S_i) \times P(R_3|S_i) = 0.3\times0.1+0.3\times0.5+0.2\times0.6 = 0.30$$

(2) 각 보고서별 사후확률

R_1을 받을 경우 사후확률	R_2를 받을 경우 사후확률	R_3를 받을 경우 사후확률
$P(S_1/R_1) = \frac{0.3\times0.7}{0.33} = \frac{21}{33}$	$P(S_1/R_2) = \frac{0.3\times0.2}{0.37} = \frac{6}{37}$	$P(S_1/R_3) = \frac{0.3\times0.1}{0.30} = \frac{3}{30}$
$P(S_2/R_1) = \frac{0.5\times0.2}{0.33} = \frac{10}{33}$	$P(S_2/R_2) = \frac{0.5\times0.5}{0.37} = \frac{25}{37}$	$P(S_2/R_3) = \frac{0.5\times0.3}{0.30} = \frac{15}{30}$
$P(S_3/R_1) = \frac{0.2\times0.1}{0.33} = \frac{2}{33}$	$P(S_3/R_2) = \frac{0.2\times0.3}{0.37} = \frac{6}{37}$	$P(S_3/R_3) = \frac{0.2\times0.6}{0.30} = \frac{12}{30}$

(3) 각 보고서를 받을 경우 사후확률

① 호황(R_1)이라는 보고서를 받은 경우

$$E(A1) = ₩2{,}900{,}000 \times \frac{21}{33} + ₩1{,}550{,}000 \times \frac{10}{33} - ₩250{,}000 \times \frac{2}{33} = ₩2{,}300{,}000$$

$$E(A2) = ₩625{,}000 \times \frac{21}{33} + ₩1{,}000{,}000 \times \frac{10}{33} + ₩1{,}375{,}000 \times \frac{2}{33} = ₩\ 784{,}090$$

∴ A제품을 생산·판매한다.

② 보통(R_2)이라는 보고서를 받은 경우

$$E(A1) = ₩2{,}900{,}000 \times \frac{6}{37} + ₩1{,}550{,}000 \times \frac{25}{37} - ₩250{,}000 \times \frac{6}{37} = ₩1{,}477{,}027$$

$$E(A2) = ₩625{,}000 \times \frac{6}{37} + ₩1{,}000{,}000 \times \frac{25}{37} + ₩1{,}375{,}000 \times \frac{6}{37} = ₩1{,}000{,}000$$

∴ A제품을 생산·판매한다.

③ 불황(R_3)이라는 보고서를 받은 경우

$$E(A1) = ₩2{,}900{,}000 \times \frac{3}{30} + ₩1{,}550{,}000 \times \frac{15}{30} - ₩250{,}000 \times \frac{12}{30} = ₩965{,}000$$

$$E(A2) = ₩625{,}000 \times \frac{3}{30} + ₩1{,}000{,}000 \times \frac{15}{30} + ₩1{,}375{,}000 \times \frac{12}{30} = ₩1{,}112{,}500$$

∴ B제품을 생산·판매한다.

문18 해답

1.

	청소기	공기청정기
개당 공헌이익	50	60
개당 소요시간	2	3
시간당 공헌이익	25	20
생산 우선순위	1	2
최대 필요시간	12,000	27,000
시간 배분	12,000	21,000

∴ 최대 공헌이익 : 12,000시간 × 25 + 21,000시간 × 20 = 720,000

2.

증분수익	증분비용
변동비 감소 : 6,000 × 2,000	대행수수료 : 13,000,000
고정비 감소 : 1,400,000	

∴ 증분이익 : 400,000

3.

증분수익	증분비용
매출액 증가 : 30,000	변동비 증가 : 30,000 ÷ 250 × 150
	광고비 감소 : 10,000

∴ 증분이익 : 2,000

4.

증분수익	증분비용
매출액 증가 : 3,000 × P	변동비 증가 : 3,000 × 380
	기회비용 : 3,000 × (500-380)

∴ 증분이익 : 3,000P − 1,260,000 ≥ 0

∴ P ≥ 420

5.

- 단위당 변동비(b)

  $[(2,000-b)\times4,000+(1,800-b)\times1,000-1,400,000](1-0.2) = 1,920,000$

  $\therefore\ b = 1,200$

- 목표이익 달성을 위한 추가 판매수량(△Q)

  $[800\times4,000+600\times\triangle Q-1,400,000](1-0.2) = 2,400,000$

  $\therefore\ \triangle Q = 2,000$

- 최대판매수량기준 조업도

  $\frac{4,000+2,000}{8,000} = 75\%$

6.

- 단위당 공헌이익 : $(240,000-135,000)\div3,000 = 35$
- 예상판매량의 기대증가량 : $400\times0.6+200\times0.4 = 320$
- 영업이익의 증가 : $35\times320-10,000 = 1,200$ 증가

7.

- 성과표

대 안	상 태	
	S1(1,000개)(0.4)	S2(2,000개)(0.6)
대안1	90,000	130,000
대안2	70,000	140,000

- 기대이익

  대안1 : $90,000\times0.4+130,000\times0.6 = 114,000$(○)

  대안2 : $70,000\times0.4+140,000\times0.6 = 112,000$

제14장 학습곡선과 선형계획법

문1 해답

〈사례1〉

누적생산량	누적단위당 평균원가(80%)	총변동가공비
1	₩480,000	₩480,000
2	384,000	768,000
4	307,200	1,228,800
8	245,760	1,966,080

판매단가	직접재료비	900,000×8=	₩7,200,000
	변동가공비		1,966,080
			₩9,166,080

∴ 최소판매가격 = ₩9,166,080

〈사례2〉

(1) 단위당 누적평균 노동시간

① 고급노동

누적생산량	누적단위당 평균원가(80%)	총변동가공비
100단위	50시간	5,000시간
200	40(50×0.8)	8,000
400	32	12,800
800	25.6	20,480
1,600	20.48	32,768

∴ 추가 1,500단위를 생산하기 위한 직접노동시간

32,768시간−5,000시간 = 27,768시간

② 저급노동

누적생산량	누적단위당 평균원가(80%)	총변동가공비
100단위	25시간	2,500시간
200	22.5(25×0.9)	4,500
400	20.25	8,100
800	18.225	14,580
1,600	16.4025	26,244

∴ 추가 1,500단위를 생산하기 위한 직접노동시간
26,244시간－2,500시간 ＝ 23,744시간

(2) 추가 1,500단위를 생산하기 위한 총변동원가 추정액

원재료 A		₩30,000×1,500 ＝	₩45,000,000
B		50,000×1,500 ＝	75,000,000
직접노무비:	고급노동	₩5,000×27,768 ＝	138,840,000
	저급노동	3,000×23,744 ＝	71,232,000
변동제조간접비		6,000*×23,744 ＝	142,464,000
총변동원가 추정액			₩472,536,000

(3) 단위당 변동원가
₩472,536,000÷1,500단위 ＝ ₩315,024/단위당

문2 해답

1.

(1) 누적평균노무비와 누적총노무비

누적생산량	누적평균노무비	누적총노무비
100단위	₩50,000	₩5,000,000
200	40,000	8,000,000
400	32,000	12,800,000

(2) 추가노무비: ₩12,800,000－₩5,000,000 ＝ ₩7,800,000

2.

300단위의 예상원가총액

직접재료비(₩600,000×3)	₩1,800,000
직접노무비	7,800,000
변동제조간접비	1,248,000*
기타제조간접비(₩7,800,00×0.4)	3,120,000
	₩13,968,000

* $\frac{₩800,000}{₩5,000,000}$ × ₩7,800,000 = ₩1,248,000

3. 입찰가격

₩13,968,000×1.15 = ₩16,063,200

4. 학습효과가 없는 경우 예상원가총액

100단위를 생산하는데 발생하는 비용에서 특수기계 비용을 제외한 나머지 비용의 3배가 발생하는 것으로 간주할 수 있음.

∴ 예상원가총액:

(₩600,000+₩5,000,000+₩800,000+₩2,000,000)×3 = ₩25,200,000

문3 해답

1.

(1) 학습곡선의 기본가정

특정작업을 반복 수행함으로써 노동생산성이 점차 향상되어 단위당 작업시간이 감소한다.

(2) 학습효과가 나타나는 이유

반복생산을 통한 학습효과와 새로운 공정과 제조방법의 개선 및 제품의 표준화로 인한 노동의 생산성 증대

(3) 학습효과를 감소시키는 요인

– 공장자동화 등으로 직접노동시간의 비중감소

– 생산과정의 단순화

– 이직률의 증가
– 파업 및 태업의 증가

2. 학습률의 추정

4단위 생산시 누적평균단위당 노동시간 : 800시간÷4 = 200시간

8단위 생산시 누적평균단위당 노동시간 : (800시간+480시간)÷8 = 160시간

학습률 = 160/200 = 80%

〈별해〉

다음과 같은 표를 작성한 후에 주어진 자료를 먼저 넣고 나서 나머지는 순서대로 작성하면 쉽게 구할 수 있다.

누적생산량	누적단위당 평균시간	총시간	증분시간
4	200 ①	800	800 ②
8	160 ④	1,280 ③	480

∴ 학습률 : 160/200 = 80%

3. 누적생산량이 32단위인 경우 누적평균단위당 노동시간

누적생산량	누적단위당 평균시간	총시간
4단위	200시간	800시간
8	160	1,280
16	128	2,048
32	102.4	3,276.8

∴ 예상직접노무비: 3,276.8시간×₩5,000 = ₩16,384,000

문4 해답

1.

누적평균시간 학습곡선의 일반식 $y = ax^{-b}$

누적생산량	누적생산량 단위당 평균노동시간
20	$\frac{5,000}{20} = 250$
100	$\frac{17,500}{100} = 175$

250, 175를 일반식에 대입한다.

식 ① $250 = a \cdot 20^{-b}$

식 ② $175 = a \cdot 100^{-b}$

식 ①과 식 ②의 양변에 log를 취한다.

식 ①′ $\log 250 = \log a - b \log 20$

식 ②′ $\log 175 = \log a - b \log 100$

식 ①′에서 식 ②′를 차감하면 다음과 같다.

$$\log \frac{250}{175} = b \log \frac{100}{20}$$

$$\therefore\ b = \frac{\log \frac{250}{175}}{\log 5} = 0.2216$$

식 ①에 대입하여 a값을 구한다.

$a = 485.566$

$\therefore\ y = 485.566 \cdot X^{-0.2216}$

2.

$$학습률 = \frac{누적생산량이\ 2x개일\ 때\ 단위당\ 평균노동시간}{누적생산량이\ x개일\ 때\ 단위당\ 평균노동시간}$$

$= 2^{-b}$

$= 2^{-0.2216}$

$= 0.8576$

∴ 이 학습곡선은 85.76%의 학습률을 가진 학습곡선이다.

☞ 증분단위시간 학습곡선의 경우에도 학습률은 마찬가지로 2^{-b}가 된다.

3.

누적생산량 = 100+100=200개

① 누적생산량이 200개일 때 단위당 평균노동시간

$= 485.566 \cdot X^{-0.2216}$

$= 485.566 \cdot 200^{-0.2216}$

= 150.086시간

② 추가직접노동시간 = 150.086×200−17,500

= 12,517.2시간

문5 해답

1. 선형관계가 있을 때

1,000시간×7단위 = 7,000시간

2. 증분단위시간 학습곡선

누적생산량	증분단위시간	총직접노동시간
1단위	1,000시간	1,000시간
2	850(1,000×0.85)	1,850
3	772($1,000 \times 3^{-.2345}$)	2,622
4	722(850×0.85)	3,344
5	685($1,000 \times 5^{-.2345}$)	4,029
6	656($1,000 \times 6^{-.2345}$)	4,685
7	633($1,000 \times 7^{-.2345}$)	5,318
8	614(722×0.85)	5,932

∴ 직접노동시간 예측치: 5,932시간−1,000시간 = 4,932시간

3. 누적평균시간 학습곡선

누적생산량	누적단위시간	총직접노동시간
1단위	1,000시간	1,000시간
2	850	1,700
4	722	2,888
8	614	4,912

∴ 직접노동시간 예측치: 4,912시간−1,000시간 = 3,912시간

4. 2번째 생산단위에 투입된 직접노동시간

증분단위시간 학습곡선: 850시간

누적평균시간 학습곡선: 700시간

5. 3번째와 4번째 생산량에 투입된 직접노동시간

증분단위시간 학습곡선: 1,494시간(772시간+722시간)

누적평균시간 학습곡선: 1,188시간(2,888시간−1,700시간)

문6 해답

1.

누적생산량	누적평균원가	총직접노동시간	증분원가
200	₩12,000	₩2,400,000	–
400	9,600	3,840,000	₩1,440,000
800	7,680	6,144,000	2,304,000
1,600	6,144*	9,830,400	3,686,400

* 학습률 $= \frac{7,680}{9,600} = 80\%$

∴ $7,680 \times 0.8 = 6,144$

∴ 두 번째 납품한 600개의 원가

₩6,144,000 − ₩2,400,000 = ₩3,744,000

∴ 단위당 납품가격

(₩3,744,000 ÷ 600) × 1.1 = ₩6,864

2.

1,600단위의 총원가	₩9,830,400
800단위의 총원가	6,144,000
추가적인 800단위의 원가	₩3,686,400

3.

(1) 증분원가

생산량(롯트)	X^{-b}	누적평균원가	총원가	증분원가
200(1)	1	₩12,000	₩2,400,000	–
400(2)	0.750	9,000	3,600,000	₩1,200,000
600(3)	0.634	7,608	4,564,800	964,800
800(4)	0.563	6,750	5,400,000	835,200
1,200(6)	0.475	5,700	6,840,000	1,440,000
1,600(8)	0.422	5,062.5	8,100,000	1,260,000

1,200단위에 대한 총원가	₩6,840,000
처음 400단위에 대한 총원가	3,600,000

추가적인 800단위에 대한 증분원가 ₩3,240,000

(2) 원가가산이익률을 x라 하면

₩3,240,000×(1+x) = ₩3,686,400×1.1

x = 25.16%

즉, 신촌(주)가 경쟁력을 유지하면서 얻을 수 있는 최대이익률은 25.16%이다.

문7 해답

1.

누적생산량	누적평균원가	총원가	증분원가
200	24,000	4,800,000	–
400	19,200	7,680,000	2,880,000
800	15,360	12,288,000	4,608,000
1,600	12,288	19,660,800	7,372,800

600개의 제품원가를 x라고 하면 (4,800,000+600×x)/800 = 15,360이다.

∴ x = 12,480, 제품의 납품가격은 ₩12,480×1.1 = ₩13,728

2. 추가적인 800개의 증분원가

누적생산량 1,600개에 해당되는 단위당 평균원가 = ₩12,288(15,360×0.8)

추가적인 800개의 증분원가 = 19,660,800−12,288,000 = ₩7,372,800

3.

생산량(X)	누적평균원가(Y)	총원가	증분원가
200	₩24,000	₩4,800,000	₩4,800,000
400	18,000	7,200,000	2,400,000
800	13,500	10,800,000	3,600,000
1,200	①	②	③
1,600	10,125	16,200,000	–

기본적인 학습곡선모형을 $Y=a\cdot X^{-b}$라고 두면,

$24,000 = a\times 200^{-b}$

$18,000 = a\times 400^{-b}$

위 식을 연립해서 풀면, b = 0.415, a = 216,341이 된다.

따라서 학습곡선모형은 $Y = 216,341 \times X^{-0.415}$ 로 나타낼 수 있다.

X가 1,200단위일 때 누적평균원가(Y)는 ₩11,410가 된다.

총원가는 ₩13,692,000, 증분원가는 ₩6,492,000이다.

∴ B사는 ₩6,492,000×(1+이익률) ≤ ₩8,110,800(A사의 납품가격)가 성립하는 이익률을 결정하면 된다. 최대이익률은 24.92%가 된다.

4.

누적생산량		누적단위당 평균시간	총시간
1 롯트	10		
2 롯트	20	1,925시간	38,500시간
4 롯트	40	1,925시간×x	
8 롯트	80	1,925시간×x^2	43,780.66시간

① 학습률을 x라고 두었으므로 다음이 성립한다.

$80 \times 1,925 \times x^2 = 43,780.66$

$x^2 = 0.28429$

∴ x = 53.32%, 학습률은 53.32%이다.

② 최초단위생산에 투입된 시간(a)

$Y = a \cdot X^{-b}$에서 누적생산량이 20개일 때

$1,925 = a \cdot 20^{-b}$

$b = -\log(\text{학습률})/\log 2 = -\log 0.53/\log 2 = 0.90728$

∴ $a = 1,925/2^{0.90728} = 127.0668$

문8 해답

1. 서강회사

(1) 시간추정

누적생산량	증분단위원가	총누적시간
1	20,000*	
2	16,000	36,000

3	14,043	
4	12,800	62,843

* X+0.8X=36,000　X = 20,000시간

2대 생산소요시간 = 62,843−36,000 = 26,843시간

(2) 엔진 2대 제작시 소요원가

직접재료비	2×₩50,000 =	₩100,000
직접노무비	26,843×₩20 =	536,860
변동제조간접비	26,843×₩15 =	402,645
기타제조간접비	₩536,860×5% =	26,843
		₩1,066,348

(3) 대당 최소판매가격 = ₩1,066,348/2 = ₩533,174

2. 마포회사

(1) 시간추정

누적생산량	단위당누적평균시간	총누적시간
1	25,000*	
2	20,000	40,000
4	16,000	64,000

* 20,000+5,000 = 25,000

2대 생산소요시간 = 64,000−40,000 = 24,000시간

(2) 엔진 2대 제작시 소요원가

직접재료비	2×₩50,000 =	₩100,000
직접노무비	24,000×₩15 =	360,000
변동제조간접비	24,000×₩15 =	360,000
기타제조간접비	₩360,000×5% =	18,000
		₩838,000

(3) 대당 최소판매가격 = ₩838,000/2 = ₩419,000

문9 해답

(1) 목적함수와 제약조건식

목적함수: Min Z = $100^{*1} + 100^{*2}$

제약조건: $4X + 7Y \geq 280$

$4X + 2Y \geq 140$

$X,\ Y \geq 0$

*1 4kg×₩10/kg+4kg×₩15/kg　　*2 7kg×₩10/kg+2kg×₩15/kg

(2) 그래프와 행동대안

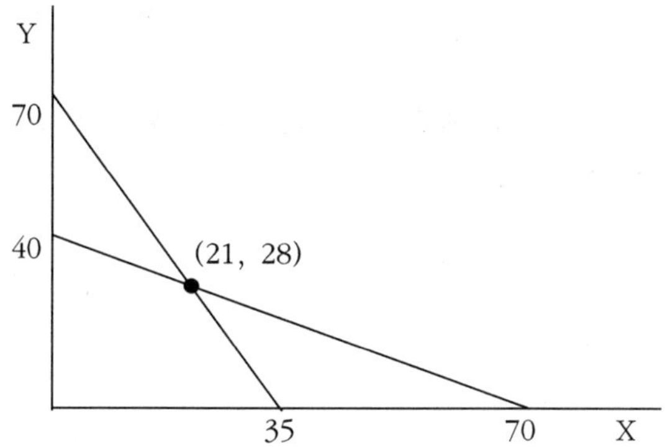

행동대안	제품X	제품Y	직접재료비
대안1	70단위	0단위	₩7,000
대안2	0	70	7,000
대안3	21	28	4,900

(3) 결론

직접원재료비를 최소화하는 제품배합은 제품X 21단위, 제품Y 28단위이며, 이때의 직접재료비는 ₩4,900이다.

문10 해답

(1) 목적함수와 제약조건

목적함수: Max Z = $20a + 20b$

제약조건: $16a+8b \le 416$

$8a+16b \le 400$

$a,\ b \ge 0$

여기서, a = A제품의 판매량, b = B제품의 판매량

(2) 그래프와 제품배합

매출배합	이익
대안1: A제품 0개, B제품 25개	₩500
대안2: A제품 18개, B제품 16개	680
대안3: A제품 26개, B제품 0개	520

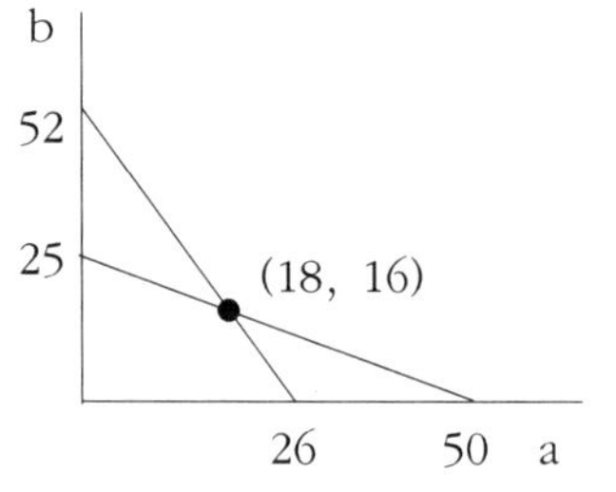

(3) 결론

서강회사의 이익을 최대화하는 제품배합은 A 제품 18개, B 제품 16개이고 이때 최대이익 ₩680을 얻는다.

문11 해답

1.

(1) 목적함수와 제약조건

목적함수 Max $80X+70Y$

제약조건 $2X+3Y \le 12{,}000$

$6X+4Y \le 18{,}000$

(2) 그래프와 매출배합

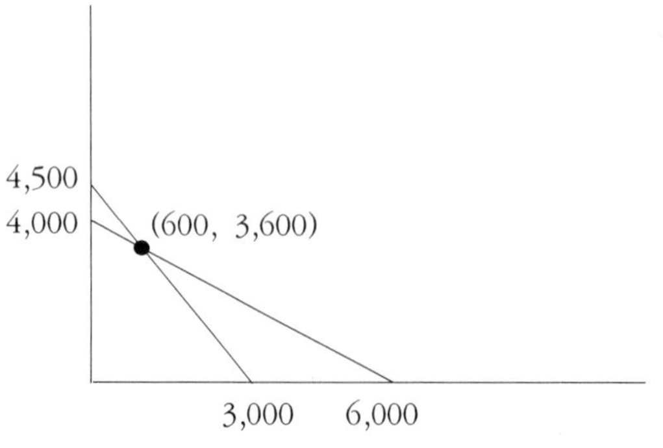

매출배합	공헌이익
(0, 4,000)	₩280,000
(3,000, 0)	240,000
(600, 3,600)	300,000

(3) 결론

제품X 600단위, 제품Y 3,600단위를 생산하여야 하며, 이때의 공헌이익은 ₩300,000이다.

2. 세전이익

공헌이익			₩300,000
고정비			
	고정제조간접비	₩150,000	
	고정판매비와 관리비	100,000	250,000
세전이익			₩50,000

문12 해답

1.

X	Y	X・Y	ΔX・Y
100	② 80	① 8,000	0
200	⑤ 64	④ 12,800	③ 4,800
400	⑧ 51.2	⑦ 20,480	⑥ 7,680

∴ 학습률은 64÷80 = 80% 또는 51.2÷64 = 80%이다.

2.

X	Y	X·Y
1단위	10,000	10,000
2단위	9,000	18,000
4단위		
8단위		
16단위	$9,000 \times 0.9^3 = 6,561$	104,976

∴ 누적 총노무시간 = 104,976분

☞ 1단위 생산시 누적생산량에 대한 단위당 평균시간(Y)이 10,000분인데 2단위 생산시 누적생산량에 대한 단위당 평균시간(Y)이 9,000분이므로 학습률은 90%이다.

3.

(1) MIN Z = ₩30A+20B

제약조건 $24A + 12B \geq 360$

$A + B \geq 26$

$A,\ B \geq 0$

(2) 도해법

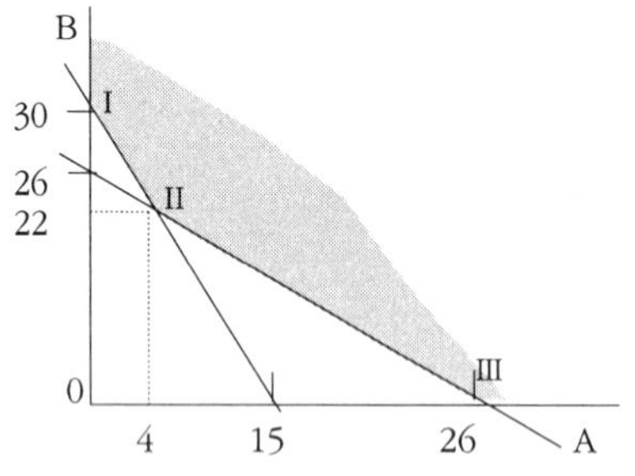

	A	B	Z
I	0	30	600
II	4	22	560 ←최적
III	26	0	780

∴ 최소 단위원가 = ₩560

∴ 최대 매출총이익 = (₩1,000−560)×1,000개 = ₩440,000

4.

(1) MAX Z = 200A+400B

제약조건 2A+6B ≤ 120

6A+4B ≤ 220

A, B ≥ 0

(2) 도해법

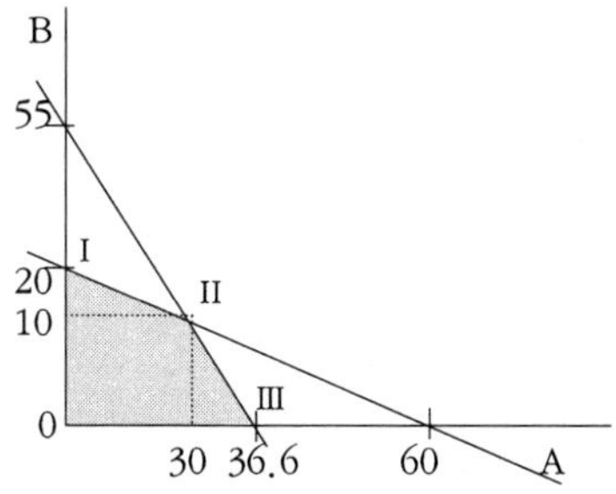

	A	B	Z
I	0	20	8,000
II	30	10	10,000 ←최적
III	36.6	0	7,320

∴ 최대 월간영업이익 = 10,000−5,000 = ₩5,000

제15장 원가중심점의 업적평가

문1 해답

〈사례1〉

$$시간당\ 변동제조간접비 = \frac{₩5,000,000}{10,000개 \times 5시간} = ₩100/시간$$

능률차이 = (허용시간 − 실제시간) × 시간당 변동제조간접비

= (8,000개 × 5 − 30,000) × ₩100

= ₩1,000,000(F)

〈사례2〉

(1) 배부율

단위당 변동제조간접비 배부율: 250,000,000 ÷ 50,000시간 = @₩5,000/시간

단위당 고정제조간접비 배부율: 400,000,000 ÷ 50,000시간 = @₩8,000/시간

(2) 변동제조간접비 차이분석

AQ × SP	SQ × SP
40,000시간 × 5,000	38,000시간 × 5,000
= ₩200,000,000	= ₩190,000,000

능률차이 ₩10,000,000(U)

(3) 고정제조간접비 차이분석

예산	실제
₩400,000,000	38,000시간 × 8,000
	= ₩304,000,000

조업도차이 ₩96,000,000(U)

문2 해답

1.

총제조간접원가 배부율 : $\frac{₩70,000 + ₩50,000}{20,000\text{시간}}$ = ₩6/직접노동시간

변동제조간접원가 배부율: $\frac{₩70,000}{20,000\text{시간}}$ = ₩3.5/직접노동시간

고정제조간접원가 배부율: $\frac{₩50,000}{20,000\text{시간}}$ = ₩2.5/직접노동시간

2. 계산근거

6,000단위×3.5시간×₩6 = ₩126,000

3. 차이분석

(1) 변동제조간접원가

실제가격×실제시간	표준가격×실제시간	표준가격×표준시간
₩65,500	₩3.5×19,500시간 = ₩68,250	₩3.5×6,000×3.5시간 = ₩73,500

소비차이 ₩2,750(유리) 능률차이 ₩5,250(유리)

(2) 고정제조간접원가

실제제조간접원가	변동예산	배부액
₩56,300	₩2.5×20,000시간 = ₩50,000	₩2.5×6,000×3.5시간 = ₩52,500

예산차이 ₩6,300(불리) 조업도차이 ₩2,500(유리)

문3 해답

1. 직접재료비

16,000kg × ₩27.5 = ₩440,000　16,000kg × ₩27 = ₩432,000

재료구입가격차이 ₩8,000U

12,000kg × ₩27 = 324,000　5,000 × 2kg × ₩27 = ₩270,000

능률차이 ₩54,0000U

2. 직접노무비

16,000 × ₩2.5 = ₩40,000　16,000 × ₩2.6 = ₩41,600　5,000 × 3 × ₩2.6 = ₩39,000

가격차이 ₩1,600F　능률차이 ₩2,600U

3. 변동제조간접비

₩28,000　16,000* × ₩2.2 = ₩35,200　5,000개 × 3 × ₩2.2 = ₩33,000

소비차이 ₩7,200F　능률차이 ₩2,200U

* 직접노동시간이 제조간접비 배부기준일 때에는 실제 직접노동시간이 변동제조간접비의 실제수량(실제시간)이 된다.

4. 고정제조간접비

실제발생액	예산	배부액
₩80,000	18,000 × ₩5.2 = ₩93,600	5,000개 × 3 × ₩5.2 = ₩78,000

예산차이 ₩13,600F　조업도차이 ₩15,600U

문4 해답

1. 직접재료비 차이분석

〈구입시〉

AQ×AP	AQ×SP
	13,000㎡×₩10
₩120,000	=₩130,000

가격차이 ₩10,000(유리)

〈사용시〉

AQ×SP	SQ×SP
11,000㎡×₩10	2,500개×5㎡×₩10
=₩110,000	=₩125,000

능률차이 ₩15,000(유리)

2. 직접노무비 차이분석

AQ×AP	AQ×SP	SQ×SP
	7,000노동시간×₩20	2,500개×3시간×₩20
₩160,000	=₩140,000	=₩150,000

임률차이 ₩20,000(불리)　능률차이 ₩10,000(유리)

3. 변동제조간접비 차이분석

AQ×AP	AQ×SP	SQ×SP
₩1,200,000×60%	26,000기계시간×₩24	2,500개×10기계시간×₩24
= ₩720,000	=₩624,000	=₩600,000

소비차이 ₩96,000(불리)　능률차이 ₩24,000(불리)

4. 고정제조간접비 차이분석

실제발생액	고정제조간접비예산[*3]	SQ×SP
	30,000기계시간×₩21	2,500개×10기계시간×₩21[*2]
₩480,000[*1]	=₩630,000	=₩525,000

예산차이 ₩150,000(유리)　조업도차이 ₩105,000(불리)

[*1] ₩1,200,000×40%=₩480,000

[*2] ₩45－₩24=₩21

*3 고정제조간접비 표준배부율$=\dfrac{\text{고정제조간접비예산}}{\text{기준조업도}}$

고정제조간접비예산=기준조업도×고정제조간접비 표준배부율

5. 표준원가계산의 유용성
   ① 기업이 연초에 수립한 계획을 수치화하여 예산을 편성하는데 기초가 된다.
   ② 표준원가의 이용은 예외관리의 개념을 가능하게 한다.
   ③ 표준원가를 기초로 한 예산과 실제원가를 기초로 한 실제성과와의 차이를 분석하여 비능률적으로 발생한 차이에 대한 통제를 할 수 있는 정보를 제공한다.
   ④ 사전에 설정된 표준원가에 따라 기장 및 제품원가계산이 되므로 장부기록이 용이하고 제품원가계산을 신속하게 할 수 있다.

문5 해답

1. 원가차이분석

	AQ×AP	AQ×SP	SQ×SP
직접재료비	₩190,000		120×1,500 =₩180,000
	직접재료비 차이 ₩10,000U		
직접노무비	₩220,000		120×2,000 =₩240,000
	직접노무비 차이 ₩20,000F		
변동제조간접비	?	?	120×2×300* =₩72,000

고정제조간접비	실제	예산	배부
	?	250×240 =₩60,000	₩120×2×240 =₩57,600
		조업도차이 ₩2,400U	

* 변동제조간접비 배부율
(150,000−120,000)/(150×2−100×2)=@₩300/시간

∴ 제조간접비 차이(조업도차이 제외)
₩135,000−(₩72,000+₩60,000)=₩3,000U

2. 상여지급액의 계산
(₩10,000U+₩20,000F+₩3,000U)×5%=₩350

문6 해답

1.
생산조업도차이
= 고정제조간접비예산−표준고정제조간접비
= 고정제조간접비예산(N)−고정제조간접비 표준배부율(f)×생산량
= 600,000−(50,000×f) = 100,000
∴ f = 10
$$\therefore N = \frac{F}{f} = \frac{₩600{,}000}{10} = 60{,}000\text{기계시간}$$

2. 정상조업도
N = S = 50,000기계시간

3. 생산조업도차이
= F−f·S
= 600,000−50,000f
= −₩150,000
∴ f = 15
$$\therefore N = \frac{F}{f} = \frac{₩600{,}000}{15} = 40{,}000\text{기계시간}$$

4. 종합예산조업도

문7 해답

1. (1) 배분비율

	직접재료	재료비능률차이	재공품	제품	매출원가	합계
재료비가격차이	300,000	20,000	80,000	100,000	300,000	800,000
	37.5%	2.5%	10%	12.5%	37.5%	100%
재료비능률차이			80,000	100,000	300,000	480,000
			16.7%	20.8%	62.5%	100%
기타차이			120,000	150,000	450,000	720,000
			16.7%	20.8%	62.5%	100%

(2) 원가차이배분

	직접재료	재료비능률차이	재공품	제품	매출원가	합계
재료비가격차이	18,750	1,250	5,000	6,250	18,750	50,000
재료비능률차이		(1,250)	3,549	4,420	13,281	20,000
노무비가격차이			2,505	3,120	9,375	15,000
노무비능률차이			4,175	5,200	15,625	25,000
제조간접비			5,010	6,240	18,750	30,000
부족배부액	18,750	0	20,239	25,230	75,781	140,000

2.

매출액		₩1,200,000
매출원가		
표준매출원가	₩750,000	
원가차이	75,781	825,781
매출총이익		₩374,219
판매관리비		₩100,000
영업이익		₩274,219

3.

	재공품	제품	매출원가	합계
직접재료비	80,000	100,000	300,000	480,000(40%)
직접노무비	20,000	25,000	75,000	120,000(10%)
제조간접비	100,000	125,000	375,000	600,000(50%)
합계	200,000	250,000	750,000	1,200,000

재공품, 제품, 매출원가계정이 모두 같은 비율의 원가요소를 포함하고 있으므로 직접노무비의 비율이 10%임을 알 수 있다.

재공품에 포함된 노무비 ₩20,000
제품에 포함된 노무비 ₩25,000
매출원가에 포함된 노무비 ₩75,000

4. 재료비가격차이 = ₩50,000×(37.5%+10%+12.5%)
+₩50,000×2.5%×(16.7%+20.8%) = ₩30,469

재료비능률차이 = ₩20,000×(16.7%+20.8%) = ₩7,500
노무비가격차이 = ₩15,000×(16.7%+20.8%) = ₩5,625
노무비능률차이 = ₩25,000×(16.7%+20.8%) = ₩9,375
제조간접비부족배부액 = ₩30,000×(16.7%+20.8%) = ₩11,250

〈분개〉

차변	금액	대변	금액
직접재료비가격차이	₩30,469	직접재료	₩18,750
직접재료비능률차이	7,500	재공품	20,239
직접노무비가격차이	5,625	제품	25,230
직접노무비능률차이	9,375		
부족배부제조간접비	11,250		

문8 해답

1.

	AQp×AP	AQp×SP	AQu×AM×SP	AQu×SM×SP	SQ×SP
A	15,000×3	15,000×5	10,000×5	30,000×1/3×5	11,000*×10

B	30,000×4.5	30,000×3	20,000×3	30,000×2/3×3	11,000×12
계	₩180,000	₩165,000	₩110,000	₩110,000	₩242,000

가격차이 ₩15,000U　　배합차이 ₩0　　수율차이 ₩132,000F

* 재료비 완성품환산량 : 10,000+1,000=11,000단위

2.

	AH×AR	AH×SR	AH×SM×SR	SH×SR
고급인력	₩160,000	150,000×10	60,000×1/3×10	10,800*×3×10
보통인력	135,000	45,000× 2	60,000×2/3× 2	10,800× 6× 2
계	₩295,000	₩240,000	₩280,000	₩453,600

임률차이 ₩55,000U　배합차이 ₩40,000F　수율차이 ₩173,600F

* 가공비 완성품환산량 : 10,000+1,000×80%=10,800단위

3.

	AH×AR	AH×SR	SH×SR
변동제조간접비		60,000×4	10,800×7×4
	₩300,000	=₩240,000	=₩302,400

소비차이 ₩60,000U　능률차이 ₩62,400F

4.

	실제발생액	변동예산	표준배부
고정제조간접비		(100,000×15)1/12	10,800×15
	₩130,000	=₩125,000	=₩162,000

예산차이 ₩5,000U　조업도차이 ₩37,000F

5.

(1) 전부원가계산

원가차이의 합=소비차이+능률차이+예산차이+조업도차이=₩34,400F

이를 관련계정에 배부하면 다음과 같다.

매출원가	기말제품	기말재공품
₩34,400×8,000/10,800	₩34,400×2,000/10,800	34,400×800/10,800
=₩25,481	=₩6,370	=₩2,548

∴ 매출원가를 ₩25,481만큼 감소시켜서 그 만큼의 매출총이익을 증가시킨다.

(2) 변동원가계산

원가차이의 합=소비차이+능률차이=₩2,400F

이를 관련계정에 배부하면 다음과 같다.

매출원가	기말제품	기말재공품
₩2,400×8,000/10,800	₩2,400×2,000/10,800	₩2,400×800/10,800
=₩1,777	=₩444	=₩177

∴ 변동매출원가를 ₩1,777만큼 감소시켜서 그만큼의 공헌이익을 증가시킨다.
영업이익은 예산차이 ₩5,000(U)를 고려하기 때문에 ₩3,223만큼 감소된다.

문9 해답

1. 변동생산준비비 차이분석

실제작업시간×실제배부율	실제작업시간×표준배부율	표준작업시간×표준배부율
100×5.25×₩24	100×5.25×₩25	90×5×₩25
₩12,600	₩13,125	₩11,250

소비차이 ₩525(F) 능률차이 ₩1,875(U)

변동예산차이 ₩1,350(U)

2. 고정생산준비비 차이분석

실제발생액	예산액	표준작업시간×표준배부율
₩17,355	₩18,000	90×₩150 ₩13,500

예산차이 ₩645(F) 조업도차이 ₩4,500(U)

총차이 ₩3,855(U)

문10 해답

물량흐름과 완성품환산량 :

	물 량	당기완성품환산량	
		재료비	가공비
기초재공품	5,000 (0.6)		
당기투입량	30,000		
계	35,000		
기초재공완성	5,000	0	2,000
당기투입완성	23,000	23,000	23,000
기말재공품	7,000 (0.5)	7,000	3,500
계	35,000	30,000	28,500

당기투입원가와 완성품환산량 단위원가 :

	재료비	가공비	합계
기초재공품			78,000
당기투입	360,000	171,000	531,000
총투입원가			609,000
완성품환산량	÷30,000	÷28,500	
완성품환산량 단위원가	12	6	

원가배분 :

완성품	28,000×12+28,000×6 =	504,000
기말재공품	7,000×12+3,500×6 =	105,000
총원가		609,000

2. 원가차이 분석

직접재료비 차이 = 표준원가－실제발생액

= ₩360,000－₩380,000 = ₩20,000(U)

가공비 차이 = 표준원가－실제발생액

= ₩171,000－₩190,000 = ₩19,000(U)

해설

1. 기초재공품원가는 다음과 같이 추정한 것이다.

   재료비 : (5,000×100%)×12 = 60,000

   가공비 : (5,000×60%)×6 = 18,000

   기초재공품은 전기 작업분에 대하여 전기 완성품환산량 단위원가를 적용하여 계산할 수 있는데, 표준원가계산이므로 표준원가가 곧 완성품환산량 단위원가가 된다.

2. 완성품원가는 다음과 같이 산정된 것이다.

	재료비	가공비	계
기초재공품	5,000×12	3,000×6	78,000
당기원가	23,000×12	25,000×6	426,000
계	28,000×12	28,000×6	504,000

3. 표준종합원가계산에서 차이분석을 할 때는 재공품을 포함하여 차이분석을 하여야 하므로 실제생산량에 허용된 표준수량(SQ)는 완성품수량을 의미하는 것이 아니고 완성품환산량을 의미한다.

문11 해답

1. 완성품환산량

	물량흐름	재료비	가공비
완 성 품	7,000	7,000	7,000
월말재공품	2,000(50%)	2,000	1,000
합 계	9,000	9,000	8,000

☞ 20×1년 1월에 영업을 처음 시작하여 기초재고자산이 없으므로 원가흐름의 가정이 필요 없다. 따라서 평균법처럼 원가계산을 하면 된다.

2. 완성품과 월말재공품원가

   완성품원가 : 7,000×50=₩350,000

   월말재공품원가 : 2,000×14+1,000×36=₩64,000

3. 원가차이분석

(1) 직접재료비

$AQ \times AP$	$AQ \times SP$	$SQ \times SP$
14,200×7.2	14,200×7	9,000×2×7
=₩102,240	=₩99,400	=₩126,000

가격차이 ₩2,840불리 | 능률차이 ₩26,600유리

(2) 직접노무비

$AQ \times AP$	$AQ \times SP$	$SQ \times SP$
18,500×6.8	18,500×7	8,000×3×7
=₩125,800	=₩129,500	=₩168,000

가격차이 ₩3,700유리 | 능률차이 ₩38,500유리

(3) 변동제조간접비

$AQ \times AP$	$AQ \times SP$	$SQ \times SP$
	18,500×2	8,000×3×2
₩55,500	=₩37,000	=₩48,000

소비차이 ₩18,500불리 | 능률차이 ₩11,000유리

(4) 고정제조간접비

실제	예산	배부($SQ \times SP$)
		8,000×3×3
₩60,000	₩63,000	=₩72,000

예산차이 ₩3,000유리 | 조업도차이 ₩9,000유리

4. 원가차이 조정후 계정금액

(1) 원가차이 배분비율

	재 공 품	제 품	매출원가	합 계
재료비 완성품환산량	2,000개	2,000개	5,000개	9,000개
재료비차이 배분비율	2/9	2/9	5/9	1
가공비 완성품환산량	1,000개	2,000개	5,000개	8,000개
가공비차이 배분비율	0.125	0.25	0.625	1

(2) 원가차이 조정후 금액

	재 공 품	제 품	매출원가	합 계
조정전 금액	64,000	100,000	250,000	414,000
재료비차이	−5,280[*2]	−5,280	−13,200	−23,760[*1]
가공비차이	−5,837.5[*4]	−11,675	−29,187.5	−46,700[*3]
조정합계	−11,117.5	−16,955	−42,387.5	−70,460
조정후 금액	52,882.5	83,045	207,612.5	343,540

[*1] 재료비 원가차이＝＋2,840−26,600＝−23,760유리

[*2] −23,760×2/9＝−5,280

[*3] 가공비 원가차이＝−3,700−38,500＋18,500−11,000−3,000−9,000
＝−46,700유리

[*4] −46,700×0.125＝−5,837.5

5. 분개

(1) 직접재료비 소비시

(차) 재 공 품($SQ \times SP$)	126,000	(대) 원 재 료($AQ \times AP$)	102,240
재료비 가격차이	2,840	재료비 능률차이	26,600

(2) 직접노무비 소비시

(차) 재 공 품($SQ \times SP$)	168,000	(대) 노 무 비($AQ \times AP$)	125,800
		노무비 가격차이	3,700
		노무비 능률차이	38,500

(3) 변동제조간접비 소비시

(차) 재 공 품($SQ \times SP$)	48,000	(대) 변동제조간접비(실제)	55,500
변동제조간접비소비차이	18,500	변동제조간접비능률차이	11,000

(4) 고정제조간접비 소비시

(차) 재 공 품($SQ \times SP$)	72,000	(대) 고정제조간접비(실제)	60,000
		고정제조간접비예산차이	3,000
		고정제조간접비조업도차이	9,000

(5) 제품 완성시

(차) 제 품($SQ \times SP$)	350,000	(대) 재 공 품($SQ \times SP$)	350,000

(6) 제품 판매시

(차)	매출원가($SQ \times SP$)	250,000	(대) 제 품($SQ \times SP$)	250,000

(7) 원가차이 배분시

(차)	재료비 능률차이	26,600	(대) 재료비 가격차이	2,840
	노무비 가격차이	3,700	변동제조간접비소비차이	18,500
	노무비 능률차이	38,500	재 공 품	11,117.5
	변동제조간접비능률차이	11,000	제 품	16,955
	고정제간접비예산차이	3,000	매 출 원 가	42,387.5
	고정제조간접비조업도차이	9,000		

6. 실제종합원가계산

(1) 완성품환산량

	물량흐름	재료비	가공비
완 성 품	7,000	7,000	7,000
월말재공품	2,000(50%)	2,000	1,000
합 계	9,000	9,000	8,000

(2) 완성품환산량 단위당 원가

재료비: 102,240÷9,000=₩11.36

가공비: (125,800+55,500+60,000)÷8,000=₩30.1625

(3) 완성품원가와 월말재공품원가

① 완성품: 7,000×(11.36+30.1625)=₩290,657.5(단위당 원가=@41.5225)

- 월말제품원가: 2,000×@41.5225=₩83,045
- 매 출 원 가: 5,000×@41.5225=₩207,612.5

② 월말재공품원가: 2,000×@11.36+1,000×@30.1625=₩52,882.5

해설

1. 표준종합원가계산에서는 원가차이를 배분할 때 원가투입정도를 나타내주는 완성품환산량을 기준으로 배분한다. 따라서 재료비차이는 각 계정에 포함되어 있는 재료비환산량을 기준으로, 가공비차이는 각 계정에 포함되어 있는 가공비환산량을 기준으로 배분한다.
2. 표준원가계산을 실시하는 경우 기초재고자산이 없고 원가요소기준법으로 원가차이를 배분하면, 원가차이 배분 후 각 계정금액은 실제원가계산에 의한 금액과 같아진다.

문12 해답

	State of Nature	
Action	In Control	Out of Control
a_1(조사함)	₩4,000	₩4,000+₩6,000
a_2(조사안함)	—	₩20,000
사전확률	.80	.20

$EC(a_1) = 4,000 \times 0.8 + 10,000 \times .20 =$ ₩5,200

$EC(a_2) = 20,000 \times .20 =$ ₩4,000

∴ 의사결정: 조사하지 않는 것이 기대원가측면에서 ₩1,200만큼 유리하다.

문13 해답

1. 생산량 30,000단위
   (1) 표준허용시간: 30,000×2시간 = 60,000시간
   (2) 실제작업시간: 60,000−(₩3,600,000÷1,500) = 57,600시간
   (3) 실제임률: ₩1,500+(₩2,880,000÷57,600) = ₩1,550/시간
   (4) 표준허용수량: 30,000×5kg = 150,000kg
   (5) 원재료 실제소비수량: 150,000kg+(₩4,500,000÷(₩300/kg)) = 165,000kg
   (6) 원재료 실제구입량: (₩57,600,000−3,600,000)÷(300/kg) = 180,000kg
   (7) 원재료 실제구입단가: ₩57,600,000÷180,000kg = ₩320/kg

2.

〈성과표〉

대안 \ 상황	공정정상 P(Q1) = 0.4	공정이상 P(Q2) = 0.6
A1: 조사함	₩15,000,000	₩15,000,000+65,000,000
A2: 조사안함	₩0	₩100,000,000

(1) 의사결정

기대화폐가치 극대화기준

E(A1) = ₩15,000,000×0.4+₩80,000,000×0.6 = ₩54,000,000

E(A2) = ₩100,000,000×0.6 = ₩60,000,000

∴ 조사하는 경우의 기대비용이 적으므로 조사하는 것이 유리함.

〈별해〉 임계확률기준

$$P=1-\frac{C}{L-M}$$

$$P=1-\frac{₩15,000,000}{₩100,000,000-₩65,000,000}$$

$$=0.5714$$

즉 공정이 정상일 확률이 57.14%가 되어야 조사하는 것과 조사하지 않는 것이 무차별하게 된다. 그러나 주어진 문제의 경우 공정이 정상일 확률이 40% 이므로 공정을 조사하는 것이 유리함.

(2) 완전정보의 기대값

완전정보하의 기대비용: ₩0×0.4+₩80,000,000×0.6 =	₩48,000,000
기존정보하의 기대비용: ₩8,000,000×0.4+₩80,000,000×0,6 =	54,000,000
완전정보의 기대가치	₩6,000,000

3. 새로운 생산환경하에서 전통적인 표준원가계산제도의 한계성

(1) 표준원가의 불안정성

- 표준원가계산제도의 성공적인 전제조건은 안정적인 생산공정에 있다. 그러나 동일한 생산라인에서 다양한 종류의 제품을 생산하는 유연생산시스템(FMS)에서는 생산공정의 안정성이 떨어진다.
- 제품의 수명주기가 단축되는 상황에서 표준이란 단기적으로 적용되며, 신제품 도입시마다 표준설정의 번거로움이 있다.

(2) 표준원가에 대한 과신

- 전통적인 표준원가시스템의 과신으로 제품의 품질개선과 고객의 서비스에 대한 관심 등 조직의 전략적 요구보다는 표준원가의 달성에만 치우치는 경향이 있다.

(3) 원가절감에 치중

- 전통적인 표준원가제도하에서는 직접노무비의 원가와 능률에 대하여 너무 많은 초점을 둔다.

(4) 차이분석의 불명확성

- 원가차이가 복합적 수준에서 도출되어 업적평가시 책임의 소재가 불명확해지며, 유용한 정보가 되기에는 적시성이 떨어진다.
- 전통적인 원가계산제도하에서 원가차이가 특정제품과 특정생산단위의 관점에서 파악되지 못한다는 점에서 경영자가 원인을 규명하기 어렵다.

(5) 공정의 표준화와 원가차이의 미미함

- 자동화된 제조환경하에서는 공정의 표준화 등으로 원가차이가 존재하지 않거나 일정한 경향이 있다.

(6) 일반적인 표준원가계산제도의 한계성

- 정확한 기준조업도 선정시 문제
- 정확한 표준설정의 문제
- 원가활동(동인)상의 차이

4. 활동별차이분석

활동	실제수량×실제가격	실제수량×표준가격	표준수량×표준가격
간접재료	130,000kg×?	130,000×₩150	30,000×4×₩150
	₩18,200,000	₩19,500,000	₩18,000,000
	가격차이 ₩1,300,000(F)		소비차이 ₩1,500,000(U)
에너지	28,000×?	28,000×₩800	30,000×1×800
	₩23,800,000	₩22,400,000	₩24,000,000
	가격차이 ₩1,400,000(U)		소비차이 ₩1,600,000(F)
품질검사 및 수선	65,000×?	65,000×200	30,000×2×200
	₩14,300,000	₩13,000,000	₩12,000,000
	가격차이 ₩1,300,000(U)		소비차이 ₩1,000,000(U)

5. 활동기준 원가계산에 의한 차이분석의 유용성

활동기준 원가계산제도하에서는 원가동인별로 원가차이분석이 가능하므로 경영자에게 원가차이의 원인에 대한 보다 상세한 정보를 제공하여 품질개선 및 생산성 향상에 기할 수 있다.

문14 해답

1.

- 직접재료비 실제발생액 : 500×100+1,000−2,000 = 49,000
- 직접노무비 실제발생액 : 500×200−500+1,500 = 101,000

2.

- 고정제조간접비 배부율 : 200,000÷1,000 = 200
- 차이분석

실제	변동예산	배부
	1,100×125+200,000	1,100×(125+200)
355,000	= 337,500	= 357,500

통제가능차이 17,500 불리 조업도차이 20,000 유리

3.

- 제조간접비 예정배부액과 배부율

실제발생액	예정배부액
1,618,000	1,728,000 = 28,800×60

과대배부 110,000

- 고정제조간접비 예정배부율 : 690,000÷27,600 = 25

  ∴ 변동제조간접비 예정배부율 : 60−25 = 35

4.

$AQ \times AP$	$AQ \times SP$	$SQ \times SP$
	28,000×1.5	10,000×3×1.5
37,800	= 42,000	= 45,000

4,200 유리 3,000 유리

5.

	실제	예산	배부
2월			1,000×5* = 5,000
	400 불리	750 불리	
3월	5,450	5,750	1,250×5* = 6,250
	300 유리	500 유리	

* 250개×SP = 1,250 유리 ∴ SP = 5

6.

- 직접재료비 완성품환산량

재공품				완성품환산량
기초	1,000 (0.8)	기초완성	1,000	200
		착수완성	2,500	2,500
		공손	200 (1.0)	200
		기말재공	1,300 (0.6)	780
			600	3,680

- 직접재료원가 수량차이

$AQ \times SP$	$SQ \times SP$
9,000×10 = 90,000	3,680×2×10 = 73,600

수량차이 16,400 불리

☞ 표준종합원가계산에서는 재공품까지 포함하여 차이분석을 하여야 하므로 완성품이 아니고 완성품환산량을 기준으로 SQ를 산정한다.

제16장 이익중심점의 업적평가

문1 해답

1. 판매가격차이
   = (실제판매가격 − 예산판매가격) × 실제판매량
   = (₩4.6 − ₩5) × 82,500단위 = ₩33,000(불리)

2. 매출조업도차이
   = (실제판매량 − 예산판매량) × 예산공헌이익
   = (82,500단위 − 75,000단위) × ₩1.25
   = ₩9,375(유리)

문2 해답

〈자료정리〉

성과보고서

	실 제	가격차이	능률차이	변동예산	고정예산
판매량	?			8,000개	10,000개
매출액	₩880,000	?	−	₩800,000	₩1,000,000
변동비	580,000	?	?	480,000	600,000
공헌이익	₩300,000	₩40,000U	?	₩320,000	₩400,000
고정비	100,000			100,000	100,000
영업이익	₩200,000			₩220,000	₩300,000

1. 회사의 실제판매량

예산판매량이 10,000개, 가격은 @₩100이므로 예산매출은 ₩1,000,000이다. 자료에서 수익의 매출조업도차이가 ₩200,000만큼 불리하다고 하였으므로 변동예산매출액은 ₩800,000이 된다. 변동예산매출액을 예산판매가격으로 나누면 판매량은 8,000개가 된다.

2.

① 판매가격차이: 8,000×(₩110−100) = ₩80,000F

② 변동비의 가격차이: ₩80,000F−x = ₩40,000U, 따라서 x = ₩120,000U

③ 변동비의 능률차이: ₩20,000U = ₩40,000U−x, 따라서 x = ₩20,000F

문3 해답

1. TV의 매출조업도차이

단위당 예산공헌이익 = (₩8,400−₩3,360)÷2,800단위 = ₩1.8

매출조업도차이 = (3,920단위−2,800단위)×₩1.8 = ₩2,016(유리)

2. 라디오의 판매가격차이

실제판매가격 = ₩16,464÷7,840단위 = ₩2.1

예산판매가격 = ₩16,800÷8,400단위 = ₩2

판매가격차이 = (₩2.1−₩2)×7,840단위 = ₩784(유리)

3. 라디오의 변동원가 변동예산차이

변동원가 변동예산차이 = ₩8,120−[(₩8,400÷8,400단위)×7,840단위]
= ₩280(불리)

4. 매출배합차이

서강회사의 예산매출배합은 TV와 라디오가 2,800 : 8,400이고 제품의 단위당 예산공헌이익은 각각 ₩1.8, ₩1이다.

	실제총판매량	TV	라디오
실제배합	11,760단위	3,920단위	7,840단위

예산배합	11,760단위	2,940단위*	8,820단위
차　　이		980(유리)	980(불리)
단위당예산공헌이익		₩1.8	₩1
배합차이		₩1,764(유리)	₩980(불리)

* 11,760단위 × $\left(\frac{2,800}{11,200}\right)$

∴ 서강의 매출배합차이는 ₩784(유리)이다.

5. 매출수량차이

[(2,940단위 − 2,800단위) × ₩1.8] + [(8,820단위 − 8,400단위) × ₩1]

= ₩252(유리) + ₩420(유리) = ₩672(유리)

문4 해답

1. 판매량 증가율

판매량 총증가량 = 364 − 350 = 14단위

시장규모 증대로 인한 판매량 증가량 = (3,610단위 × 10%) − 350단위 = 11단위

시장점유율 증대로 인한 판매량 증가량 = 14단위 − 11단위 = 3단위

∴ 3단위 ÷ 14단위 = 21.4%

2. 총공헌이익차이

A 제품 = (₩3 − ₩3) × 182단위 =	₩0
B 제품 = (₩2 − ₩2.5) × 182단위 =	₩91(불리)
총차이	₩91(불리)

3. 매출배합차이

예산매출배합은 A 제품 : B 제품 = 210 : 140이고 제품의 단위당 예산공헌이익은 각각 ₩3, ₩2.5이다.

	실제총판매량	A 제품	B 제품
실제배합	364단위	182단위	182단위
예산배합	364단위	218.4 $\left(\frac{210}{350}\right)$	145.6 $\left(\frac{140}{350}\right)$

차 이	36.4단위(불리)	36.4단위(유리)
단위당예산공헌이익	₩3	₩2.5
배합차이	₩109.2(불리)	₩91(유리)

∴ 매출배합차이 = ₩18.2(불리)이다.

4. 매출수량차이
   = [(218.4단위 − 210단위) × ₩3] + [(145.6단위 − 140단위) × ₩2.5]
   = ₩25.2(유리) + ₩14(유리) = ₩39.2(유리)

문5 해답

1. 매출가격차이 = Σ(제품별 단위당 실제판매가격 − 제품별 단위당 예산판매가격) × 제품별 실제판매량

   A = (₩2,800 − ₩3,000) × 825,000 = ₩165,000,000U
   B = (₩1,900 − ₩2,200) × 165,000 = 49,500,000U
   C = (₩3,800 − ₩5,300) × 110,000 = 165,000,000U
   계 ₩379,500,000U

2. 변동제조원가차이 = Σ(제품별 단위당 실제변동제조원가 − 제품별 단위당 예산변동제조원가) × 제품별 실제판매량

   A = (₩1,600 − ₩2,000) × 825,000 = ₩330,000,000F
   B = (₩1,400 − ₩1,600) × 165,000 = 33,000,000F
   C = (₩2,800 − ₩3,300) × 110,000 = 55,000,000F
   계 ₩418,000,000F

3. 공헌이익에 대한 변동예산차이

   A = (₩1,200 − ₩1,000) × 825,000 = ₩165,000,000F
   B = (₩500 − ₩600) × 165,000 = 16,500,000U
   C = (₩1,000 − ₩2,000) × 110,000 = 110,000,000U
   계 ₩38,500,000U

4. 매출조업도차이 = ∑(제품별 실제판매량 − 제품별 목표판매량) × 제품별 단위당 예산공헌이익

A = (825,000 − 700,000) × ₩1,000	=	₩125,000,000F
B = (165,000 − 100,000) × ₩600	=	39,000,000F
C = (110,000 − 200,000) × ₩2,000	=	180,000,000U
계		₩16,000,000U

5.

① 제품단위당 평균예산 공헌이익

= ₩1,000 × .70 + ₩600 × .10 + ₩2,000 × .20

= ₩1,160

② 매출배합차이

A = {825,000 − (1,100,000 × .70)} × ₩1,000	=	₩55,000,000F
B = {165,000 − (1,100,000 × .10)} × ₩600	=	33,000,000F
C = {110,000 − (1,100,000 × .2)} × ₩2,000	=	220,000,000U
계		₩132,000,000U

☞ 수익성이 평균이하인 제품은 실제매출배합비율이 예산보다 낮아야 유리하며 수익성이 평균이상인 제품은 실제매출배합비율이 예산보다 높아야 유리하다는 것을 알 수 있다.

6.

실제수량 × 표준배합 × 예산공헌이익			고정예산		
770,000 × 1,000	=	₩770,000,000	700,000 × 1,000	=	₩700,000,000
110,000 × 600	=	66,000,000	100,000 × 600	=	60,000,000
220,000 × 2,000	=	440,000,000	200,000 × 2,000	=	400,000,000
		₩1,276,000,000			₩1,160,000,000

매출수량차이 ₩116,000,000 F

7. 제품 상호간의 수요이전 가능성이 있을 때에만 정보적 효과를 가질 수 있다.

8. 판매부문의 책임

매출가격차이	₩379,500,000U
매출조업도차이	16,000,000U

계 ₩395,500,000U

제조부문의 책임

변동제조원가차이 ₩418,000,000F

문6 해답

1. (1) 판매가격차이

A	600×95 =	₩57,000	600×100 =	₩60,000
B	300×160 =	₩48,000	300×150 =	₩45,000
		₩105,000		₩105,000

판매가격차이 ₩0

(2) 매출조업도차이

A	600×40 =	₩24,000	500×40 =	₩20,000
B	300×60 =	₩18,000	500×60 =	₩30,000
		₩42,000		₩50,000

매출조업도차이 ₩8,000U

2.

	실제수량×실제배합	실제수량×예산배합	예산수량×예산배합
A	600×40=₩24,000	450×40=₩18,000	500×40=₩20,000
B	300×60=₩18,000	450×60=₩27,000	500×60=₩30,000
	₩42,000	₩45,000	₩50,000

매출배합차이 ₩3,000U 매출수량차이 ₩5,000U

3. 단위당 평균예산 공헌이익=(500×40+500×60)/(500+500)=₩50

실제규모×실제점유율	실제규모×예산점유율	예산규모×예산점유율
900×50=₩45,000	6,000×10%×50=₩30,000	10,000×10%×50=₩50,000

시장점유율차이 ₩15,000F　　시장규모차이 ₩20,000U

문7 해답

1.

	AQ×(AP−SVC)	AQ×(SP−SVC)	BQ×(SP−SVC)
제품A	2,500×(55−35)	2,500×(50−35)	3,000×(50−35)
제품B	5,000×(60−50)	5,000×(70−50)	4,000×(70−50)
제품C	4,500×(120−100)	4,500×(130−100)	3,000×(130−100)
	₩190,000	₩272,500	₩215,000

가격차이 ₩82,500(U)　조업도차이 ₩57,500(F)

2.

	AQ×(SP−SVC)	AQ×BM×(SP−SVC)	BQ×(SP−SVC)
제품A	2,500×(50−35)	12,000×0.3×(50−35)	3,000×(50−35)
제품B	5,000×(70−50)	12,000×0.4×(70−50)	4,000×(70−50)
제품C	4,500×(130−100)	12,000×0.3×(130−100)	3,000×(130−100)
	₩272,500	₩258,000	₩215,000

배합차이 ₩14,500(F)　　수량차이 ₩43,000(F)

3. 예산평균공헌이익 = ₩15×0.3+₩20×0.4+₩30×0.3
(BACM) = ₩21.5

실제판매량×BACM	실제규모×예산시장점유율×BACM	예산판매량×BACM
12,000×₩21.5	150,000×10%×₩21.5	10,000×₩21.5
=₩258,000	=₩322,500	=₩215,000

시장점유율차이 ₩64,500(U)　　시장규모차이 ₩107,500(F)

문8 해답

1. 이익차이분석

	실제손익계산서	가격차이	변동손익계산서	조업도차이	예산손익계산서
매출액	₩3,000,000	₩450,000(U)	₩3,450,000	₩690,000(F)	₩2,760,000
변동비					
변동제조원가	1,350,000	30,000(F)	1,380,000	276,000(U)	1,104,000
변동판매와 관리비	330,000	15,000(F)	345,000	69,000(U)	276,000
공헌이익	₩1,320,000	₩405,000(U)	₩1,725,000	₩345,000(F)	₩1,380,000
고정비					
고정제조원가	500,000	50,000(U)	450,000		450,000
고정판매와 관리비	350,000	50,000(U)	300,000		300,000
순이익	₩470,000	₩505,000(U)	₩975,000	₩345,000(F)	₩630,000

2. 생산량 18,000단위, 판매량 15,000단위

		실제손익계산서	차이분석	예산손익계산서
매출액		₩3,000,000	₩450,000(U)	₩3,450,00
변동비				
변동제조원가				
총제조원가(18,000×92)	1,656,000			
기말재고액(3,000×92)	276,000			
	₩1,380,000			
변동원가차이	(36,000)	1,344,000	36,000(F)	1,380,000
변동판매와 관리비		330,000	15,000(F)	345,000
공헌이익		₩1,326,000	₩399,000(U)	₩1,725,000
고정비				
고정제조원가		500,000	50,000(U)	450,000
고정판매와 관리비		350,000	50,000(U)	300,000
순이익		₩476,000	₩499,000(U)	₩975,000

* 변동원가차이 = 18,000×(₩1,350,000÷15,000−₩92) = ₩36,000(F)

문9 해답

1. 매출배합차이와 매출수량차이

	실제수량×예산공헌이익		실제수량×표준배합×예산공헌이익		예산수량×예산공헌이익	
보급형	15,300×₩15	₩229,500	$38,250\times\frac{20,000}{45,000}\times$₩15	₩255,000	20000×₩15	₩300,000
고급형	22,950×₩12	275,400	$38,250\times\frac{25,000}{45,000}\times$₩12	255,000	25,000×₩12	300,000
		₩504,900		₩510,000		₩600,000

매출배합차이 ₩5,100(U)　　매출수량차이 ₩90,000(U)

2. 시장점유율차이와 시장규모차이

가중평균공헌이익 = $₩15\times\frac{20,000}{45,000}+₩12\times\frac{25,000}{45,000}=₩13.333$

평균시장점유율 = 45,000/500,000 = 9%

가중평균예산공헌이익: WABCM

실제수량×WABCM		실제규모×예산점유율×WABCM		예산수량×WABCM	
38,250×₩13.333	₩510,000	450,000×0.09×₩13,333	₩540,000	45,000×₩13,333	₩600,000

시장점유율차이 ₩30,000(U)　　시장규모차이 ₩60,000(U)

〈별해〉

	실제수량×SM×BCM		실제규모×예상점유율×BCM		예산수량×BCM	
보급형	17,000×₩15	₩255,000	180,000×0.1×₩15	₩270,000	20,000×₩15	₩300,000
고급형	21,250×₩12	255,000	270,000×0.083×₩12	270,000	25,000×₩12	300,000
		₩510,000		₩540,000		₩600,000

시장점유율차이 ₩30,000(U)　　시장규모차이 ₩60,000(U)

3. 시장점유율차이는 판매부서(영업담당상무)의 책임이다. 왜냐하면 판매부서에서 판매량은 통제가능한 요인이기 때문이다.

4. 시장규모에 대한 책임은 마케팅부서에서 져야 한다. 왜냐하면 마케팅부서에서 회사의 제품에 대해 고객들에게 좀 더 많은 홍보를 하고 휴대폰의 효익과 편리함에 대하여 더 많이 알렸다면 시장규모를 늘릴 수 있었기 때문이다.

5. 스루풋원가계산

	기초재고가 1,000개인 경우		기초재고가 3,000개인 경우	
매출액	22,950×40 =	₩918,000		₩918,000
매출원가	22,950×4 =	91,800		91,800
스루풋공헌이익		₩826,200		₩826,200
가공원가	24,450*×25 =	611,250	22,450**×25 =	561,250
영업이익		₩214,950		₩264,950

* 생산량 = 매출수량+기말−기초
= 22,950+2,500−1,000
= 22,450

** 생산량 = 22,950+2,500−3,000
= 24,450

6. 스루풋원가계산에서는 직접재료원가만 제품원가로 보고 나머지 원가는 모두 고정비로 보고 기간비용으로 처리한다. 따라서 직접노무비와 변동제조간접비를 변동비가 아닌 고정비로 처리하여 전액 기간비용으로 처리하기 때문이다.

문10 해답

1.

	$AQ \times SP$	$AQ' \times SP$	$SQ \times SP$
A	500×20	2,500×0.4×20	800×20
B	2,000×4	2,500×0.6×4	1,200×4
	18,000	26,000	20,800

배합차이 8,000 불리　　　수율차이 5,200 유리

2.

$AQ' \times Bcm$			$BQ \times Bcm$	
1,500×0.8×1,000 =	1,200,000		2,000×P×1,000 =	1,600,000
1,500×0.2×3,000 =	900,000		2,000×(1−P)×3,000 =	1,200,000
	2,100,000			2,800,000

매출수량차이 ₩700,000 불리

(1) $2,000 \times P \times 1,000 + 2,000 \times (1-P) \times 3,000 = 2,800,000$ ∴ $P = 0.8$

(2) $AQ \times 0.8 \times 1,000 + AQ \times 0.2 \times 3,000 = 2,100,000$ ∴ $AQ = 1,500$

(3) 보통우산 : 1,200,000−1,600,000 = ₩400,000(불리)

고급우산 : 900,000−1,200,000 = ₩300,000(불리)

제17장 투자중심점의 업적평가

문1 해답

1. 투자중심점의 성과평가

(1) 투자수익률(ROI)

	영업이익	영업자산	ROI
TV사업부	₩800,000	₩4,000,000	20%
냉장고사업부	1,440,000	6,000,000	24
오디오사업부	60,000	800,000	7.5

(2) 잔여이익(RI)

	영업이익	영업자산×최저필수수익률	RI
TV사업부	₩800,000	₩600,000	₩200,000
냉장고사업부	1,440,000	900,000	540,000
오디오사업부	60,000	120,000	(60,000)

2. 냉장고사업부의 투자안 채택여부

(1) 투자수익률(ROI)

· 현재의 ROI＝24%

· 투자후의 $\text{ROI} = \dfrac{₩1,440,000 + ₩500,000}{₩6,000,000 + ₩2,000,000} = 24.25\%$

∴ 냉장고사업부가 신규투자안을 채택할 경우 투자수익률(ROI)이 현재의 24%에서 24.25%로 높아진다. 따라서, 냉장고사업부는 신규투자안을 채택해야 한다.

(2) 잔여이익(RI)

· 현재의 RI = ₩540,000

· 신투자안의 RI = ₩500,000 − (₩2,000,000 × 15%) = ₩200,000

· 투자후의RI = (₩1,440,000 + ₩500,000) − (₩6,000,000 + ₩2,000,000) × 15%
= ₩740,000

∴ 신규투자안의 잔여이익(RI)이 ₩200,000이므로 투자안을 채택하게 되면 투자후의 잔여이익(RI)은 현재의 잔여이익(RI)보다 커지게 된다. 따라서 냉장고사업부는 투자안을 채택해야 한다.

해설

이 문제에서는 투자수익률(ROI)기준이나 잔여이익(RI)기준이나 모두 신규투자안을 채택하는 것이 유리한 것으로 나타났지만 항상 두 가지 기준의 결론이 동일하게 나타나는 것은 아니다.

문2 해답

1. 투자중심점의 성과평가 – 순위결정

(1) 투자수익률(ROI)

사 업 부	영업이익	평균투자액	ROI(%)	순 위
감 사 부	30억	40억	75%	2
조 세 부	4억	20억	20	3
컨설팅부	8억	10억	80	1
국 제 부	0.4억	4억	10	4

(2) 잔여이익(RI)

사 업 부	영업이익	평균투자액	ROI(%)	순 위
감 사 부	30억	40억×0.12	25.2억	1
조 세 부	4억	20억×0.12	1.6억	3
컨설팅부	8억	10억×0.12	6.8억	2
국 제 부	0.4억	4억×0.12	−0.08억	4

2. 잔여이익법

최저필수수익률이 변화하면 우선순위도 바뀔 수 있다.

사 업 부	영업이익 (불변)	75%인 경우		
		부가이자	RI	순 위
감 사 부	30억	30억	−	2
조 세 부	4억	15억	−11억	4
컨설팅부	8억	7.5억	0.5억	1
국 제 부	0.4억	3억	−2.6억	3

3. 투자안의 채택 여부

(1) 투자수익률(ROI)

영업이익	현상태 8억	투자안 8억	투자후 16억	결론
평균투자액	10억	20억	30억	
ROI	80%	40%	53.3%	기각

(2) 잔여이익(RI):

	현상태	투자안	투자후	결론
영업이익	8억	8억	16억	
자본비용액 (투자액×12%)	(1.2억)	(2.4억)	(3.6억)	
잔여이익	6.8억	5.6억	12.4억	선택

문3 해답

1. 미지수 찾기

(1) 호남사업부에서 매출액은 영업이익÷매출이익률이므로 7.5억÷25%, ③매출액은 30억원이 된다. 매출액이 30억원일 때, 평균투자액은 매출액÷자산회전율이므로 30÷2, ①평균투자액(y) = 15억원이 된다.

(2) 영남사업부에서 매출액은 평균투자액×자산회전율이므로 ②매출액은 25억원, 영업이익은 매출이익률×매출이므로 ④영업이익은 2.5억원이 된다.

(3) 경기사업부에서 자산회전율은 매출÷평균투자액이므로 ⑤자산회전율은 150÷30=500%가 된다. 매출이익률은 영업이익÷매출액이므로 9÷150 = 6%가 된다.

(4) 자료를 토대로 세 사업부를 투자수익률(ROI)의 관점에서 평가해 보면,

사업부	투자수익률(ROI)
경기	30%(9÷30)
영남	25%(25÷10)
호남	50%(7.5÷15)

∴ 호남지역의 사업부가 가장 성과가 좋다.

2.

사업부	잔여이익(RI)
경기	9−30×0.15 = 4.5억원
영남	2.5−10×0.15 = 1억원
호남	7.5−15×0.15 = 5.25억원

∴ 호남지역의 사업부가 가장 성과가 좋다.

3.

(1) 투자수익률(ROI)에 의한 평가에는 변화가 없다.

(2) 잔여이익(RI)에 의한 평가 (최소필수수익률이 30%일 때)

사업부	잔여이익(RI)
경기	9−30×0.3 = 0
영남	2.5−10×0.3 = (−)0.5
호남	7.5−15×0.3 = 3

∴ 호남지역의 성과가 제일 좋다.

4. 새로운 프로젝트를 실시하는 경우 영남사업부의 평가

평균투자액 : 15억원

영업이익 : 3.5억원

(1) 투자수익률에 의한 평가

3.5÷15 = 0.23333(〈 25%)

(2) 잔여이익에 의한 평가

3.5−15×0.15 = 1.25억원

∴ 투자수익률에 의한 평가시에는 투자수익률이 기존의 상태보다 감소하므로 프로젝트를 기각하게 되며, 잔여이익에 의한 평가시에는 잔여이익이 증가하므로 프로젝트를 채택한다.

문4 해답

1.

ROI를 사업부의 유일한 성과평가기준으로 사용하는 경우의 문제점은 다음과 같다.

· ROI를 유일한 성과측정치로 삼으면 사업부 또는 회사 전체로 부적절한 의사결정/ 투자를 하게 될 수 있다.(준 최적화 현상 등)
· 장기적인 수익성 대신 단기성과를 강조하는 경향을 띠게 된다.
· ROI의 구성요소들 중 상당 부분이 사업부 경영자가 통제할 수 없는 경우가 많아 부적절한 성과평가가 될 수 있다.

2.

여러 개의 성과평가기준을 함께 사용하는 장점들은 다음과 같다.

· 사업부경영자의 광범위한 책임을 고려함으로써 좀더 포괄적인 성과평가를 가능하게 한다.
· 사업부의 총체적인 업적을 강조함으로써 장·단기성과를 고루 강조하게 된다.
· 계량적인 요소뿐만 아니라 비계량적인 요소도 강조할 수 있게 된다.
· 목표일치성을 향상시키고, 이익극대화라는 역기능적인 단기 목표의 중요성을 감소시킨다.

3.

여러 개의 성과평가기준을 함께 적용하는 데 따른 문제점들은 다음과 같다.

· 여러 기준들을 일관성 있게 적용하기가 어렵다. 어떤 기준에 주관적인 중요성을 더 부과할 수 있고, 또 기준들은 서로 상충되기도 한다.
· 여러 개의 성과평가기준이 사업부경영자를 혼란스럽게 할 수 있다.
· 여러 개의 성과평가기준을 다 충족하기 위해 노력이 분산될 수 있고, 따라서 한 가지만 달성하기 위한 경우보다 그 달성에 실패하기 쉽다.

문5 해답

1.

다음과 같은 이유로 지금의 평가시스템보다 개선되었다고 할 수 있다.

· 성과평가 측정치의 설정에 사업부 담당이사들의 참여도가 높아진다.
· 단일의 측정치가 가지는 조직의 모든 목표를 다 반영하지 못한다는 문제점을 복수의 성과평가 측정치로 극복할 수 있다.
· 이사들은 실제 성과가 전년 성과 및 실제적인 계획&목표와 비교되므로 수익과 비용의 추정에 좀더 실제적이 된다.
· 예산연도 시작 6개월 전에 수립된 연차예산을 덜 강조하게 되어 경제&환경 변화에 대해 좀더 잘 대응하게 된다.
· 이사들은 성과평가 측정치에 영향을 미치는 더 많은 요소들에 대해 통제할 수 있게 된다.

2.

각 평가기준에 따른 성과측정치
· 전년 대비 성과: 총자산, 총공헌이익, 통제가능원가, 순이익, 매출이익률, 투자수익률, 시장점유율, 생산성 등이 금액 또는 비율로 전년도와 비교될 수 있다.
· 목표실현성: 실제와 예산수익/원가의 차이분석, 실제ROI와 예산ROI의 비교 등
· 유동자산운용: 매출채권회전율, 재고자산회전율, 유동자산수익률, 유동자산총액 및 각 항목의 연도별 비교 등

3.

평가시스템의 동기부여 및 행동적인 측면
(1) 이는 사장과 이사들의 수용 정도에 달려 있다.
· 목표 설정과 예산 편성에 이사들이 참여한다는 생각을 갖게 되어 목표일치성(goal congruence)을 높일 수 있다.
· 복수의 평가기준은 공정하고 공평하다는 생각을 증가시켜 기업의 장기목표와 일치될 수 있는 단일 목표를 추구하도록 하는 부담을 없앴다. 즉, 복수의 목표일치성을 향상시킨다.
· 통제할 수 없는 요소들에 대해 사업부 담당 이사가 책임지지 않게 함으로써 그들의 책임감과 사업부 내의 활동에 대한 통제를 강화한다.
· 적시에 정규적으로 이루어지는 성과 검토와 함께 하는 사장의 지지는 사업부 담당 이사의 자부심을 향상시킬 수 있다.

(2) 이사들의 사기 양양과 동기부여를 위한 계획
· 자부심의 증가 및 조직에 대한 자신의 가치 인식과 같은 내재적인 동기부여 요소들은 이사들에게 스스로의 업적을 평가하게 함으로써 제공될 수 있다.

· 보상, 상여금 같은 외부적인 동기부여 요소는 실제와 예산성과의 비교, 또는 다른 사업부와의 실제 성과비교를 기준으로 이루어질 수 있다.
· 사기앙양과 목표일치성은 예산수립과 성과평가 측정치의 개발에 참여케 함으로써 얻어질 수 있다.

문6 해답

1. ROI

A사업부 $\text{ROI}=\dfrac{₩1,000,000}{₩5,000,000}=20\%$

B사업부 $\text{ROI}=\dfrac{₩1,700,000}{₩10,000,000}=17\%$

C사업부 $\text{ROI}=\dfrac{₩3,000,000}{₩20,000,000}=15\%$

2. RI

A사업부 RI=₩1,000,000−₩5,000,000×12%=₩400,000
B사업부 RI=₩1,700,000−₩10,000,000×12%=₩500,000
C사업부 RI=₩3,000,000−₩20,000,000×12%=₩600,000

3. EVA

(1) WACC

$$\text{가중평균자본비용}=10\%\times(1-0.4)\times\frac{₩20,000,000}{₩40,000,000}+15\%\times\frac{₩20,000,000}{₩40,000,000}$$
$$=10.5\%$$

(2) EVA

EVA=영업이익×(1−법인세율)−(총자산−유동부채)×가중평균자본비용

	세후영업이익 −	가중평균자본비용×(총자산−유동부채)=	EVA
A사업부	₩1,000,000×0.6−	10.5%×(₩5,000,000−₩1,000,000) =	₩180,000
B사업부	1,700,000×0.6−	10.5%×(₩10,000,000−₩3,000,000)=	285,000
C사업부	3,000,000×0.6−	10.5%×(₩20,000,000−₩8,000,000)=	540,000

(3) 결론

(주)서강은 다음과 같은 두 가지 이유에서 각 사업의 경제적 성과를 평가하기 위해서 EVA를 사용하여야 한다.

첫째, EVA는 잔여이익 측정치이고, 따라서 ROI의 역기능적 효과를 배제할 수 있다. 즉 EVA를 성과측정치로 사용할 경우 각 사업부에서는 세후영업이익이 해당사업부에서 사용된 자본의 가중평균자본비용을 초과하면 언제든지 투자할 수 있는 유인을 갖게 된다. 그러나 ROI를 성과측정치로 사용할 경우 각 사업부는 해당사업의 ROI를 초과하는 투자안에만 투자하게 된다. 그래서 각 사업부의 현재 ROI보다는 낮지만 자본에 대한 가중평균자본비용 보다는 높은 ROI를 가진 새로운 투자안을 기각하게 된다. 이로써 기업 전체의 가치를 극대화할 수 있는 기회를 상실하게 될 수도 있다.

둘째, RI가 최저필수수익률만을 고려하고 세금효과를 고려하지 않는데 비해 EVA 계산시 세금효과를 고려함으로써 회사와 주주에게 다양한 의사결정의 세후효과를 포괄적으로 제공해 준다.

문7 해답

1.

(1) ROI

	ROI	매출액이익률	자산회전율(회)
가전사업부	$\frac{₩3,850}{₩25,000}=15.4\%$	$\frac{₩3,850}{₩35,000}=11\%$	$\frac{₩35,000}{₩25,000}=1.4$
반도체사업부	$\frac{₩4,480}{₩22,400}=20\%$	$\frac{₩4,480}{₩28,000}=16\%$	$\frac{₩28,000}{₩22,400}=1.25$
항공사업부	$\frac{₩1,600}{₩32,000}=5\%$	$\frac{₩1,600}{₩20,000}=5\%$	$\frac{₩20,000}{₩32,000}=0.625$

(2) 각 사업부 ROI 차이

가전사업부: 수익성은 보통 정도이나, 활동성이 매우 높아 비교적 높은 ROI를 달성

반도체사업부: 수익성이 매우 높고, 활동성이 높아 가장 높은 ROI 달성

항공사업부: 수익성은 조금 높은 편이나 활동이 매우 낮아 요구수익률 미만의 ROI 달성

2. 반도체사업부 경영자의 의사결정

(1) 사업부 관점

현재 반도체사업부의 ROI=20%

신규투자를 할 경우 $\text{ROI} = \dfrac{₩4,480 + ₩800}{₩22,400 + ₩5,000} = 19.27\%$

∴ 반도체사업부의 경영자는 ROI가 낮아져 자신의 연간보너스가 줄어들기 때문에 새로운 투자안을 기각할 것이다.

(2) 회사전체의 관점

새로운 투자안의 수익률 $= \dfrac{₩800}{₩5,000} = 16\%$

∴ 회사전체의 입장에서는 새로운 투자안의 수익률이 16%이므로 이는 회사의 요구수익률 13%를 훨씬 초과하기 때문에 투자안을 수락하는 것이 타당하다.

☞ 이와 같이 주주와 경영자의 관점상의 차이로 인해 발생하는 의사결정의 차이에 의해 발생하는 감독비용 등을 대리인 비용이라 한다.

3. 잔여이익법

	영업이익	자산×요구수익률	잔여이익(RI)
가전사업부	₩3,850	₩25,000×0.13=₩3,250	₩600
반도체사업부	4,480	22,400×0.13=₩2,912	1,568
항공사업부	1,600	32,000×0.13=₩4,160	(−)2,560

4. 잔여이익법을 이용할 경우 반도체사업부 경영자의 의사결정

새로운 투자안의 잔여이익=₩800−₩5,000×0.13=₩150

∴ 잔여이익법을 이용하여 경영자에 대한 보상을 실시할 경우 반도체사업부의 경영자는 새로운 투자안이 ₩150의 잔여이익을 발생시키기 때문에 투자안을 수락할 것이다.

문8 해답

1. 특별주문을 수락한다면

증분수익		
매출액증가	₩45×1,000단위=	₩45,000
증분비용		
직접재료비	₩10×1,000단위=	10,000
직접노무비	₩20×(1,000단위×0.5시간)=	10,000
제조간접비	₩50×(1,000단위×0.5시간)+₩10,000×1lot=	35,000
증분이익		₩(10,000)

∴ 특별주문을 거절한다.

2. 특별주문을 수락한다면

증분수익		
매출액증가	₩45×1,000단위=	₩45,000
증분비용		
직접재료비	₩10×1,000단위=	10,000
직접노무비	₩20×(1,000단위×0.5시간)=	10,000
제조간접비	₩40×(1,000단위×0.5시간)=	20,000
증분이익		₩5,000

∴ 특별주문을 수락한다.

3. 특별주문을 수락한다면

증분수익		
매출액증가	₩45×1,000단위=	₩45,000
증분비용		
직접재료비	₩11×1,000단위=	11,000
직접노무비	₩20×1,000단위×0.56시간 =	11,200
제조간접비	₩50×(1,000단위×0.56시간)+₩10,000×1lot=	38,000
증분이익		₩(15,200)

4. 변경된 성과평가방법의 장점

① 재무적 측정치와 비재무적 측정치간의 균형있는 성과평가를 할 수 있다.

② 단기적 성과와 장기적 성과의 균형을 이룰 수 있다.

③ 재무적 측정치뿐 아니라 비재무적 측정치도 고려하므로 회사전체의 관점에서 준최적화를 방지할 수 있다.

④ 조직구성원이 구체적으로 무엇을 해야 하는지를 제시하여 조직전체의 전략수행을 돕는다.

5. 전략적 성과평가의 네 가지 관점

① 재무적인 관점

비재무적인 성과들에서 좋은 결과를 얻었더라도 재무적인 성과가 높지 않다면 경제적으로는 성공한 전략이 아니다. 따라서 비재무적인 성과들이 재무적인 성과로 이어졌는지를 평가하는 것은 전략의 평가에 있어서 매우 중요한 부분이다.

② 고객관점

장기적으로 재무성과를 높이기 위해서는 기업이 차별화된 시장 안에서 고객을 만족시키는 요소를 가지고 있어서 기존고객은 유지시키고 새로운 고객을 확보할 수 있어야 한다. 따라서 전략을 평가할 때에 고객관점의 성과를 평가하는 것이 필요하다.

③ 내부프로세스관점

세분화된 시장에서 전략을 성공적으로 실행하기 위해서는 기업이 고객을 만족시킬 수 있는 요소를 가지고 있어야 하는데 이런 요소는 기업내부에 존재하는 프로세스를 통해서 창출된다. 따라서 경영자는 기업이 고객만족요소를 지속적으로 보유할 수 있도록 강점을 가지는 내부프로세스가 무엇인지를 정확하게 파악하고 이를 평가해야 한다.

④ 학습과 성장관점

고객의 욕구나 기술이 계속적으로 변화하므로 기업이 기존에 보유하고 있는 기술과 능력으로는 장기적으로 성장할 수 없다. 따라서 기업이 새로운 프로세스를 개발하고 장기적으로 성장하려면 고객을 만족시킬 수 있는 능력을 지속적으로 향상시켜 나아갈 수 있는 있어야 하며 이 부분의 성과를 평가하는 것이 학습과 성장관점이다.

문9 해답

1.

(1) 투자수익률

ROI(A) : 400/2,000 = 20%

ROI(B) : 720/4,000 = 18%

(2) 잔여이익

RI(A) : 400−(2,000×0.1) = 200

RI(B) : 720−(4,000×0.1) = 320

2.

이익 = ₩1,000,000−600,000−100,000 = ₩300,000

잔여이익 = ₩300,000−₩200,000×6% = ₩288,000

3.

가중평균자본비용 : 0.1×(1−0.4)×0.5+0.14×0.5 = 0.1

EVA(남부) : 250,000×(1−0.4)−(2,000,000−500,000)×0.1 = 0

EVA(중부) : 2,000,000×(1−0.4)−(10,000,000−3,000,000)×0.1 = 500,000

4.

경제적 부가가치 = 세후이익−(투하자본×자본비용)

∴ 경제적 부가가치의 증감

(16,965−15,340)−(4,000+3,500)×15% = 500

제18장 대체가격

문1 해답

1. 200

2. $200 + \frac{500,000}{20,000} = ₩225$

3. $200 + \frac{100,000 \times 770 - 80,000 \times 770}{20,000} = ₩970$

〈별해〉 : 1,000 − 30 = ₩970

4. $200 + \frac{75,000,000^{*} - 61,600,000}{20,000} = ₩870$

   * 대체 전 100,000×750 = ₩75,000,000
   대체 후 80,000×770 = ₩61,600,000

5. 외부수요가 없는 분 = ₩200

   외부수요가 있는 분 = $200 + \frac{67,500,000^{*} - 61,600,000^{*}}{10,000} = ₩790$

   * 대체 전 90,000×750 = ₩67,500,000
   대체 후 80,000×770 = ₩61,600,000

해설

1. 최소대체가격은 공급사업부 입장에서 이익을 감소시키지 않는 범위내에서 공급할 수 있는 단위당 최소금액을 의미한다.
2. 최소대체가격은 대체로 인하여 발생하는 비용(기회비용)만큼은 최소한 받아야 한다는 의미이며 대체시 발생하는 변동비, 대체시 증가하는 고정비 그리고 대체시 발생하는 기회비용으로 구성된다.

문2 해답

1. 시장가격으로 대체하는 경우

	A사업부	B사업부	회사전체
판매가격	₩2,100	₩3,600	₩3,600
변동비	1,560	3,900*	3,360**
공헌이익	₩540	−₩300	₩240

* 자체변동비+대체가격 = ₩1,800+₩2,100 = ₩3,900

** A사업부 변동비+B사업부 변동비 = ₩1,560+₩1,800 = ₩3,340

2. A사업부 대체가격

	A사업부
판매가격	₩2,100
변동비	1,560**
공헌이익	₩540

A사업부가 생산량을 전부 외부시장에 판매할 수 있다면 단위당 ₩540의 공헌이익이 발생하지만, 이를 내부대체할 경우 단위당 ₩240의 공헌이익 밖에 발생하지 않는다. 따라서 A사업부 외부시장에 판매하고, B사업부는 생산을 중단하는 것이 회사전체 측면에서 유리하다. 다만, B사업부에서 외부시장에서 동일한 반제품을 시장가격 보다 낮은 가격으로 구입할 수 있다면, 외부시장에서 구입하여 생산을 계속할 수 있을 것이다.

3. 일부대체

(1) 모두 외부판매

매출액	10,000×₩1,680 =	₩16,800,000
변동비	10,000× 1,560 =	15,600,000
공헌이익		₩1,200,000

(2) 5,000단위 외부판매, 5,000단위 내부대체

매출액	5,000×₩2,100+5,000×3,600 =		₩28,500,000
변동비			
A사업부	10,000×₩1,560 =	₩15,600,000	
B사업부	5,000× 1,800 =	9,000,000	24,600,000
공헌이익			₩3,900,000

(3) 모두 내부대체

매출액	10,000×₩3,600 =	₩36,000,000
변동비	10,000× 3,360 =	33,600,000
공헌이익		₩2,400,000

문3 해답

1. 사업부A의 최소대체가격

(1) 대체적 용도가 없는 경우: 단위당 변동비 ₩5,000

(2) 대체적 용도가 있는 경우: 단위당 변동비+기회비용

$$=₩5,000+\frac{₩500,000}{10,000}=₩5,050$$

(3) 유휴설비가 없는 경우 = 단위당 외부 판매가격 ₩6,000

2. 사업부B의 최대대체가격

= Min{₩6,000, (₩7,500−₩1,000)}

= ₩6,000

3. 대체가격에 따른 이익증가액

(1) 대체가격이 단위당 변동비인 ₩5,000인 경우

	사업부A	사업부B	합 계
매 출 액	₩50,000,000[*1]	₩75,000,000[*2]	₩125,000,000

대체원가	–	50,000,000	50,000,000
변 동 비	50,000,000	10,000,000	60,000,000
공헌이익	₩0	₩15,000,000	₩15,000,000

*1 10,000×₩5,000 *2 10,000×₩7,500

(2) 대체가격이 단위당 ₩5,500인 경우

	사업부A	사업부B	합 계
매 출 액	₩55,000,000*1	₩75,000,000	₩130,000,000
대체원가	–	55,000,000	55,000,000
변 동 비	50,000,000	10,000,000	60,000,000
공헌이익	₩5,000,000	₩10,000,000	₩15,000,000

*1 10,000×₩5,500

(3) 대체가격이 단위당 외부판매가격인 ₩6,000인 경우

	사업부A	사업부B	합 계
매 출 액	₩60,000,000*1	₩75,000,000	₩135,000,000
대체원가	–	60,000,000	60,000,000
변 동 비	50,000,000	10,000,000	60,000,000
공헌이익	₩10,000,000	₩5,000,000	₩15,000,000

*1 10,000×₩6,000

☞ 사업부간의 대체가격이 해당제품의 단위당 변동비와 외부판매가격 사이에서 결정될 경우 사업부 사이의 순이익에는 차이가 있지만 회사전체의 순이익에는 영향을 미치지 않는다.

문4 해답

1.

매 출 액	500,000×0.5×2,100 =	525,000,000
변동원가	500,000×100+500,000×0.5×200 =	100,000,000
고정원가	125,000,000+100,000,000 =	225,000,000
영업이익		200,000,000

2.

(1) 전부원가의 200%

	청과사업부		주스사업부	
매 출 액	500,000×350×2 =	350,000,000	500,000×0.5×2,100 =	525,000,000
변동원가	500,000×100 =	50,000,000	500,000×0.5×200 =	50,000,000
				350,000,000
고정원가		125,000,000		100,000,000
영업이익		175,000,000		25,000,000
보너스	175,000,000×5% =	8,750,000	25,000,000×5% =	1,250,000

(2) 시장가격

	청과사업부		주스사업부	
매 출 액	500,000×600 =	300,000,000	500,000×0.5×2,100 =	525,000,000
변동원가	500,000×100 =	50,000,000	500,000×0.5×200 =	50,000,000
				300,000,000
고정원가		125,000,000		100,000,000
영업이익		125,000,000		75,000,000
보너스	125,000,000×5% =	6,250,000	25,000,000×5% =	3,750,000

3.

(1) 청과사업부의 경영자는 전부원가의 200%로 이전가격을 결정하길 원하고 주스사업부는 시장가격으로 이전가격을 결정하길 원한다.

(2) ① 내부대체로 인하여 발생하는 이익을 균등하게 안분할 수 있는 가격을 이전가격으로 결정한다.

② 동기부여 및 성과평가에 가장 적절한 방법인 시장가격을 기준으로 이전가격을 결정한다.

4.

(1) 청과사업부는 전부원가의 200%에 내부대체하기를 원할 것이고 주스사업부는 외부에서 구매하기를 원할 것이다.

(2) 회사전체 영업이익은 변화가 없다. 왜냐하면 전부원가의 200%로 대체가 되든지 시장가격으로 대체가 되는지 아니면 대체를 하지 않고 외부에 판매하든지 회사전체 영업이익은 동일하기 때문이다.

문5 해답

1.

① 생산우선순위결정

	A	B	C
단위당 판매가격	₩1,000	₩700	₩1,400
단위당 변동비	450	300	500
단위당 공헌이익	₩550	₩400	₩900
단위당 직접노동 소요시간	0.5시간*	0.25시간*	0.4시간*
시간당 공헌이익	₩1,100	₩1,600	₩2,250
생산우선순위	3	2	1
시장수요	2,000개	6,000개	5,000개
필요한 직접노동시간	1,000시간	1,500시간	2,000시간

* 100÷200 = 0.5, 50÷200 = 0.25, 80÷200 = 0.4

② 최대이익을 달성하는 제품구성

제품	생산량	기계시간
C	5,000개	2,000시간
B	6,000개	1,500시간
A	2,000개	1,000시간
계		4,500시간

2.

증분수익	1,500개×800		= 1,200,000
증분비용	① 1,500개×500	= 750,000	
	② 100시간*×1,100	= 110,000	(860,000)
증분이익			340,000

* 필요한 기계시간 = 1,500개×0.4 = 600시간

현재 유휴시간 = 5,000−4,500 = 500시간

A제품 생산을 감소시켜서 확보해야할 시간 = 600−500 = 100시간

∴ 특별주문을 수락한다. 특별주문 수락하면 회사이익이 ₩340,000 증가한다.

3.

(1) 부품B를 1,000단위 생산하기 위하여 필요한 시간은 $1,000 \times 0.25 = 250$시간이며 현재 500시간의 유휴시간이 있다.

① 최소대체가격 $= 100 + 50 + 90 =$ ₩240

(2) 현재 부품A까지 생산하고 있으므로 부품B의 대체를 위하여 부품A의 생산에 소요되는 시간을 250시간 감소시켜야 한다.

② 최소대체가격 $= 240 + \frac{250\text{시간} \times 1,100}{1,000} =$ ₩515

③ $515 \leq X \leq 600$

④ 대체가 유리

(3) 현재 부품B까지 생산하고 있으므로 부품B의 대체를 위하여 외부판매용으로 생산하는 부품B의 생산에 소요되는 시간을 250시간 감소시켜야 한다.

⑤ 최소대체가격 $= 240 + \frac{250\text{시간} \times 1,600}{1,000} =$ ₩640

⑥ 대체가 불리

문6 해답

1.

	일본지사	중국지사	합 계
매출액	150,000[*1]	120,000	270,000
대체가격	−	45,000	45,000
변동비	62,500	20,000	82,500
고정비	50,000	20,000	70,000
세전이익	37,500	35,000	72,500
법인세	15,000	8,750	23,750
세후이익	₩22,500	₩26,250	₩48,750

[*1] 단위당 전부원가 $= 25 + (50,000 \div 2,500) =$ ₩45

매출액 $= 1,500 \times 70 + 1,000 \times 45 =$ ₩150,000

2.

	일본지사	중국지사	합 계
매출액	175,000[*2]	120,000	295,000
대체가격	−	70,000	70,000
변동비	62,500	20,000	82,500
고정비	50,000	20,000	70,000
세전이익	62,500	10,000	72,500
법인세	25,000	2,500	27,500
세후이익	₩37,500	₩7,500	₩45,000

[*2] 매출액 = 2,500×70 = ₩175,000

3. 회사전체 입장에서는 전부원가계산으로 대체가격을 결정하는 것이 바람직하다. 왜냐하면 일본지사에 대한 법인세율이 중국지사에 대한 법인세율보다 높으므로 가능하면 일본지사의 이익은 작게 계상하고 중국지사의 이익을 많게 계상하는 것이 회사전체입장에서는 세후이익이 더 많기 때문이다.

문7 해답

1. 특별주문을 수락할 경우 증분이익

증분수익(2,500×₩600)	₩1,500,000
증분비용	
회피가능원가(2,500×₩330[*1])	825,000
기회비용(1,500×(₩800−₩400[*2])	600,000
증분이익	₩75,000

[*1] ₩200+₩80+₩50 = 330

[*2] ₩250+₩100+₩50 = 400

∴ 특별주문 수락시 증분이익이 ₩75,000으로 0보다 크므로 특별주문을 수락하는 것이 유리하다.

2. 내부 대체가격

(1) $0 \leq Q \leq 2{,}500$

① 공급사업부의 최소대체가격 = ₩400

② 수요사업부의 최대대체가격 = ₩800

₩400 ≤ X ≤ ₩800 ⇒ 자가제조하여 내부대체가 유리

(2) 2,501 ≤ Q ≤ 5,000

① 공급사업부의 최소대체가격 = ₩400+75,000/2,500 = ₩430

② 수요사업부의 최대대체가격 = ₩800

₩430 ≤ X ≤ ₩800 ⇒ 내부대체하여 특별주문을 수락하는 것이 유리

3. 내부 대체가격

(1) X = ₩400+₩650,000/4,000 = ₩562.5

(2) 대체가격으로 전부원가의 장 · 단점

① 장점

－이해하기 쉽고 적용이 간편하다.

－사업부간의 내부적인 마찰을 극소화할 수 있다.

② 단점

－공급사업부의 비능률 등이 다른 사업부에 전가되어 성과평가의 불안이 야기될 수 있다.

－조직의 최적자원배분의 어려움이 있다.

4. 제약조건: ₩562.5 ≤ X ≤ ₩800

다국적 기업은 세금의 최소화를 위하여 세율이 낮은 국가의 현지법인이 많은 이익을 배분할 것이다. 따라서 세금이 부과되지 않는 국가의 공급사업부인 보드 사업부의 이익을 극대화하기 위해서는 위 제약조건하에서 대체가격은 ₩800에 결정하여야 한다.

문8 해답

1.

- 최소대체가격: 20+0=20
- 최대대체가격: Min [40×0.9, ?]=36
- 이전가격 범위: ₩20~₩36

2.

- 최소대체가격: 20+(40−24)=36
- 최대대체가격: Min [40×0.9, ?]=36
- 이전가격 범위: ₩36

3.

- 최소대체가격: 20+(40−24)=36
- 최대대체가격: Min [40×0.9−2, ?]=34
- 이전가격 범위: 없음

4.

- 합병후 S사 연간 공헌이익: [500,000×(40−24)+100,000×(TP−20)]
- 최소 연간 공헌이익: (TP가 ₩20일 때) ₩8,000,000
- 최소합병가격: 8,000,000×10배=₩80,000,000

5.

- 합병으로 인한 B사 연간 공헌이익 증가분: 100,000×(36−TP)
- 최대 연간 공헌이익 증가분: (TP가 ₩20일 때) ₩1,600,000
- 최대합병가격: (8,000,000+1,600,000)×10=₩96,000,000

〈별해〉

- 합병전 B사 연간 공헌이익
  P×100,000−36×100,000=100,000P−3,600,000
- 합병후 B사(통합법인) 연간 공헌이익
  (P×100,000+500,00×40)−(20×100,000+24×500,000)=100,000P+6,000,000
- 합병후 B사(통합법인) 연간 공헌이익 증가분: 9,600,000
- 최대합병가격: 9,600,000×10배=₩96,000,000

문9 해답

1.

최소대체가격 : 16−3+(30−16) = ₩27

최대대체가격 : ₩29

2.

최소대체가격 : 58+(100−58−8) = 92

〈별해〉

최소대체가격 : 100−8 = 92

☞ 외부수요가 충분한 경우에는 시장가격에서 내부대체시 절감되는 단위당 원가를 차감하여 최소대체가격을 산정할 수 있다.

3.

갑사업부 최소대체가격 : 증분원가 (₩30−8)+기회원가 (₩45−30) = ₩37

을사업부 최대대체가격 : 외부구입원가 ₩42

∴ 대체가격의 범위 : ₩37 ~ ₩42

4.

최소대체가격 : $₩1,900+\frac{150,000}{1,000} = ₩2,050$

최대대체가격 : ₩2,000

외부에서 구입하는 경우 영업이익 증가 : 1,000개×₩50 = ₩50,000

제19장 JIT회계: 역류원가계산

문1 해답

1. 분개

(1) 원재료 구입시점

계정	차변	대변
원재료	₩800,000	
매입채무		₩800,000

(2) 원재료 사용시점

계정	차변	대변
재공품	₩520,000	
원재료		₩520,000

(3) 직접노무비 발생시점

계정	차변	대변
재공품	₩160,000	
미지급비용		₩160,000

(4) 제조간접비 발생시점

계정	차변	대변
제조간접비	₩256,000	
제좌		₩256,000

(5) 제조간접비 배부시점

계정	차변	대변
재공품	₩256,000	
배부제조간접비		₩256,000

(6) 완성품 대체시

계정	차변	대변
제품	₩936,000	
재공품		₩936,000

(7) 매출원가 대체시

계정	차변	대변
매출원가	₩700,000	
제품		₩700,000

2. 역류원가계산

(1) 원재료 구입시점

	차변	대변
재공원료	₩800,000	
매입채무		₩800,000

(2) 원재료 사용시점－분개없음

(3) 직접노무비 및 제조간접비 발생시점

	차변	대변
가공비	₩416,000	
미지급비용		₩160,000
제좌		256,000

(4) 제품의 완성시점

	차변	대변
제품	₩936,000	
재공원료		₩520,000
배부가공비		416,000

(5) 제품의 판매시점

	차변	대변
매출원가	₩700,000	
제품		₩700,000

문2 해답

1. 4월의 분개는 다음과 같다.

		차변	대변
분개(1)	재고: 원재료와 프로세스통제하의 재고	₩8,800,000	
	미지급금통제		₩8,800,000
	(구입한 직접(원)재료)		
분개(2):	전환원가 통제	₩4,220,000	
	제좌(미지급금과 미지급임금)		₩4,220,000
	(전환원가 발생)		
분개(3):	완제품 통제	₩12,500,000	
	재고: 원재료와 프로세스통제하의 재고		₩8,500,000
	배부된 전환원가		4,000,000
	(생산된 완제품의 표준원가)		
분개(4):	매출원가	₩11,900,000	
	완제품통제		₩11,900,000
	(판매된 완제품의 표준원가)		

2. T계정에 전기

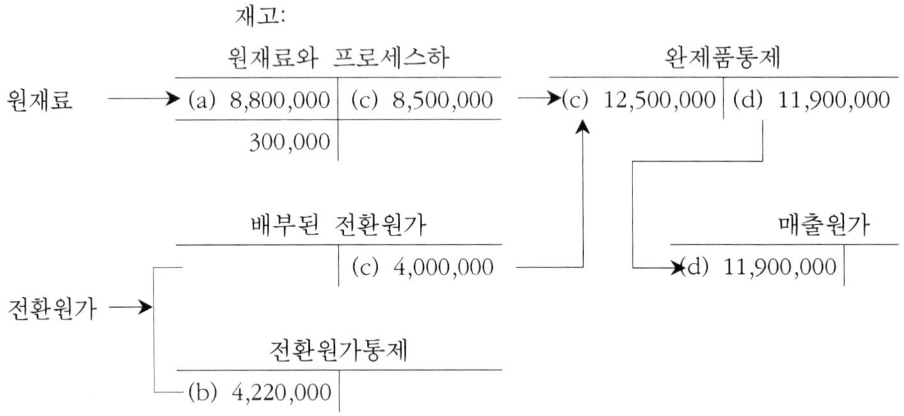

3. 이상적인 JIT 생산시스템하에서, 만일 단위당 제조 리드타임이 매우 짧으면, 매일말의 재고는 0일 것이다. 분개(c)는 ₩12,500,000이 아니라 완제품생산에 ₩11,900,000일 것이다. 만일 마케팅부서가 ₩11,900,000의 제품을 판매한다면, JIT생산시스템은 분개(a)와 (b)에서 각각 ₩8,500,000과 ₩4,000,000보다 작은 직접재료구입과 전환원가를 요구할 것이다.

문3 해답

1. 분개

1) 가공비 발생분개:

차) 가공비	₩16,000,000	대) 제좌	₩16,000,000

2) 제품의 완성시 분개

차) 완제품	₩35,000,000	대) 매입채무	₩20,000,000
가공비	15,000,000		

3) 제품의 판매시 분개

차) 매출원가	₩28,000,000	대) 완제품	₩28,000,000
매출채권	40,000,000	매출	40,000,000

4) 가공비의 조정

차) 매출원가	₩1,000,000	대) 가공비	₩1,000,000

2. T계정 전기

가공비	
1) 16,000,000	2) 15,000,000
	4) 1,000,000
0	

완제품	
2) 35,000,000	3) 28,000,000
7,000,000	

매출원가	
3) 28,000,000	
4) 1,000,000	

문4 해답

1.

(1) 손익계산서

전부원가계산		변동원가계산	
매출액	₩6,500,000	매출액	₩6,500,000
매출원가	5,985,000[*1]	변동비	4,788,000[*2]
원가차이	100,000U[*3]	원가차이	–
		고정비	1,500,000
총이익	₩415,000	총이익	₩212,000

[*1] (₩4,000,000+3,000,000)×0.95×0.9

[*2] (₩4,000,000+1,600,000)×0.95×0.9

[*3] ₩3,100,000−1,600,000−1,400,000 = ₩100,000(불리)

(2) 기말재고자산:

	전부원가계산	변동원가계산
제품	₩665,000	₩532,000
재공품	350,000	280,000
원재료	200,000	200,000
계	₩1,215,000	₩1,012,000

(3) 차이조정

변동원가계산하의 영업이익:	₩212,000
기말제품에 포함되어 있는 고정제조간접비	133,000
기말재공품에 포함되어 있는 고정제조간접비	70,000
전부원가계산하의 영업이익:	₩415,000

2. 요약 장부 분개

① 원재료 구입시

(차) 재공 원료	₩4,200,000	(대) 매입 채무	₩4,200,000

② 가공비 발생

(차) 가공비	3,100,000	(대) 미지급 임금 등	3,100,000

③ 제품의 완성

(차) 제품	6,650,000	(대) 재공 원료	3,800,000
		가공비	2,850,000

④ 제품의 판매

(차) 매출 원가	5,985,000	(대) 제품	5,985,000

3.

(1) 기말재고자산 금액

재공원료 : ₩400,000

제품 : ₩665,000

계 : ₩1,065,000

(2) 유발시점이 다르기 때문에 기말재공품에 포함된 가공비 ₩150,000 (3,000,000×5%)만큼 차이가 난다.

4. 이상적인 JIT생산 시스템하에서는 재고는 '제로'에 가깝게 된다. 따라서 전부원가계산하의 영업이익과 변동원가 계산하의 영업이익에는 차이가 없게 된다.

문5 해답

1. 정상원가계산하에서의 분개

1) 원재료의 구입	(차) 원재료	₩750,000	(대) 매입채무	₩750,000
2) 원재료의 사용	(차) 재공품	720,000	(대) 원재료	720,000
3) 가공비의 발생	(차) 가공비	450,000	(대) 제좌	450,000
4) 가공비의 배부	(차) 재공품	480,000	(대) 가공비	480,000
5) 제품의 완성	(차) 제품	1,200,000	(대) 재공품	1,200,000
6) 제품의 판매	(차) 매출원가	1,080,000	(대) 제품	1,080,000
7) 가공비의 조정	(차) 가공비	30,000	(대) 매출원가	30,000

2. 역류원가계산

1) 원재료의 구입	(차) 원재료	₩750,000	(대) 매입채무	₩750,000
2) 원재료의 사용	분개없음			
3) 가공비의 발생	(차) 가공비	450,000	(대) 제좌	450,000
4) 가공비의 배부	분개없음			
5) 제품의 완성	분개없음			
6) 제품의 판매	(차) 매출원가	1,080,000	(대) 원재료	648,000
	가공비	432,000		
7) 가공비의 조정	(차) 가공비	18,000	(대) 매출원가	18,000

3. 재고자산의 비교

	정상원가계산	역류원가계산
원재료	₩30,000	₩102,000
제품재고	120,000	—
합　계	₩150,000	₩102,000

문6 해답

1.

₩450,000 − 400,000 × x = ₩58,000

∴ x = 98%

2.

① ₩450,000　② ₩686,000　③ ₩14,000
④ ₩36,000　⑤ ₩36,000　⑥ ₩100,000
⑦ ₩94,000

3. 전통적 원가계산의 유발시점은 재공품이며 역류원가계산의 유발시점은 제품이기 때문에 기말재공품에 포함된 가공비 ₩6,000(300,000×2%)만큼이 차이가 난다.

문7 해답

1. 필요한 분개

	차변	금액	대변	금액
1)	(차) 재공자원	₩12,320,000		
			(대) 외상매입금	₩12,320,000
2)	(차) 가공비	₩5,908,000		
			(대) 제좌	₩5,908,000
3)	(차) 제품	₩17,500,000		
			(대) 재공자원	₩11,900,000
			가공비	₩5,600,000
4)	(차) 매출원가	₩16,660,000		
			(대) 제품	₩16,660,000

2. 완성시점에만 거래를 인식하는 경우

차변	금액	대변	금액
(차) 제품	₩17,500,000		
		(대) 외상매입금	₩11,900,000
		가공비	₩5,600,000

문8 해답

1. (제1유형)

재공재료

차변		대변	
① 매입채무	₩37,100,000	⑤ 제품 182×200,000=	₩36,400,000
		기말	700,000

가공비

차변		대변	
② 현금 등	₩21,560,000	⑤ 제품 105×200,000=	₩21,000,000

제 품

차변	대변	
⑤ 제좌 (182+105)×200,000=₩57,400,000	⑥ 매출원가	₩55,965,000
	기말	1,435,000

매출원가

차변	대변
⑥ 제품 (182+105)×195,000=₩55,965,000	

2. (제2유형)

재고자산

차변		대변	
① 매입채무	₩37,100,000	⑤ 매출원가 182×195,000=	₩35,490,000
		기말	1,610,000

가공비

차변		대변	
② 현금 등	₩21,560,000	⑤ 매출원가 105×195,000=	₩20,475,000
		⑦ 매출원가	1,085,000

매출원가

차변		대변
⑥ 제좌 (182+105)×195,000=	₩55,965,000	
⑦ 가공비	1,085,000	

3. (제3유형)

가공비

차변		대변	
② 현금 등	₩21,560,000	④ 제품 105×200,000=	₩21,000,000
		⑦ 매출원가	560,000

제 품

차변		대변	
④ 제좌(182+105)×200,000=	₩57,400,000	⑤ 매출원가	₩55,965,000
(외상매입금&가공비)		기말	1,435,000

매출원가

차변		대변
⑤ 제좌(182+105)×195,000=	₩55,965,000	
⑥ 가공비	560,000	

4. (제2유형－원가차이 처리)

재공재료

차변		대변	
① 매입채무 SP×AQ	₩37,100,000	⑤ 제품 182×200,000=	₩36,400,000
		재료수량차이	490,000
		기말	210,000

매출원가

차변		대변
⑤ 제좌 (182+105)×195,000=	₩55,965,000	
재료구입가격차이	210,000	
재료수량차이	490,000	
	₩56,665,000	

제20장 전략적 원가관리

문1 해답

1. 목표원가 산출

(1) 기존시스템의 경우

	제품A1	제품B1
Ⅰ. 직접재료비	₩16,000	₩24,000
Ⅱ. 가공비	25,500[*1]	38,250[*2]
Ⅲ. 목표원가	₩41,500	₩62,250

*1 $\dfrac{₩10,200,000}{₩1,600,000+₩4,800,000}\times ₩16,000$

*2 $\dfrac{₩10,200,000}{₩1,600,000+₩4,800,000}\times ₩24,000$

(2) ABC 시스템인 경우

	제품A1		제품B1	
Ⅰ. 직접재료비		₩16,000	₩24,000	
Ⅱ. 가공비				
Ⅱ-1. 재료처리	(0.5개×₩10,000)	₩5,000	(0.5개×₩10,000)	₩5,000
Ⅱ-2. 절삭작업	(0.3시간×₩40,000)	12,000	(0.2시간×₩40,000)	4,000
Ⅱ-3. 선반작업	(1회×₩3,000)	3,000	(1.5회×₩3,000)	4,500
Ⅱ-4. 연마작업	(0.5개×₩13,000)	6,500	(0.5개×₩13,000)	6,500
Ⅱ-5. 부품조립	(2.5시간×₩2,550)	6,375	(1.5시간×₩2,550)	3,825
Ⅱ-6. 선적		–		–
Ⅲ. 목표원가		₩48,875		₩47,825

2.

	제품A1		제품B1
Ⅰ. 특별주문단가	₩44,000		₩55,000
Ⅱ. 예상판매단가(₩41,500×1.1)	45,650	(₩62,250×1.1)	68,475

∴ 제품A1과 제품B1의 특별주문을 기각한다.

3.

	제품A1		제품B1
Ⅰ. 특별주문단가	₩44,000		₩55,000
Ⅱ. 예상판매단가(₩48,875×1.1)	53,762	(₩47,825×1.1)	52,607

∴ 제품A1은 특별주문을 기각하고 제품B1은 특별주문을 수락한다.

문2 해답

1.

	A제품	B제품	계
생산수량	100개	200개	300개
직접재료비	₩1,950,000	₩4,550,000	₩6,500,000
가공비 *	3,900,000	9,100,000	13,000,000
계	5,850,000	13,650,000	19,500,000
단위당원가	@₩58,500	@₩68,250	

* 가공비배부율$=\dfrac{13,000,000}{6,500,000}=$₩2/직접재료비

2.

(1) 원가동인당 가공비 계산

활 동	총가공비	원가동인	원가동인수	원가동인수 단위당가공비 (활동별가공비배부율)
재료처리	₩1,690,000	부품수	169	₩10,000
절삭작업	3,000,000	기계시간	75	40,000
선반작업	690,000	기계회전수	230	3,000
연마작업	2,535,000	부품수	169	15,000
부품조립	760,000	조립시간	200	3,800

작업준비	4,325,000	기계가동횟수	2	₩2,162,500
계	₩13,000,000			

(2) 제품 단위당 원가계산

	A제품		B제품		계
생산수량		100개		200개	300개
직접재료비		₩1,950,000		₩4,550,000	₩6,500,000
가공비					
재료처리	₩10,000×78	780,000	₩10,000×91	910,000	1,690,000
절삭	40,000×45	1,800,000	40,000×30	1,200,000	3,100,000
선반	3,000×80	240,000	3,000×150	450,000	690,000
연마	15,000×78	1,170,000	15,000×91	1,365,000	2,535,000
부품조립	3,800×100	380,000	3,800×100	380,000	760,000
작업준비	2,162,500×1	2,162,500	2,162,500×1	2,162,500	4,325,000
계		₩8,482,500		₩11,017,500	₩19,500,000
단위당원가		@₩84,825		@₩55,087.5	

3.

(1)

① 목표원가란 회사가 시장에 진입하거나 존속한 상태에서, 이익을 창출하며 경쟁업체들과 경쟁할 수 있게 하는 제품의 장기추정원가를 말한다.

② 목표원가의 계산

	A	B
목표가격	₩55,000	₩71,500
목표이익률	10%	10%
목표원가 $=\left(\dfrac{\text{목표가격}}{1+\text{목표이익률}}\right)$	₩50,000	₩65,000

(2) 제품 A, B 모두 목표원가보다 높으므로 경제성이 없다.

(3) A는 목표원가를 초과하므로 경제성이 없고, B는 목표원가보다 작으므로 경제성이 있다.

문3 해답

1. 수명주기 영업이익

Ⅰ. 수명주기 수익	₩40×400,000=		₩16,000,000
Ⅱ. 수명주기 원가			
(1) 연구개발 및 제품설계		1,000,000	
(2) 제조원가			
단위당 변동원가	₩15×400,000=	6,000,000	
생산묶음당 변동원가	₩600×800*1 =	480,000	
고정원가		1,800,000	
(3) 마케팅원가			
변동원가	₩3.2×400,000=	1,280,000	
고정원가		1,000,000	
(4) 물류원가			
물류묶음당 변동원가	₩280×2,500*2=	700,000	
고정원가		720,000	
(5) 고객서비스원가	1.5×400,000=	600,000	13,580,000
Ⅲ. 영업이익			2,420,000

*1 400,000÷500 = 800묶음

*2 400,000÷160 = 2,500묶음

2. 예산 연구개발 및 설계원가 ₩1,000,000

수명주기 예산총원가 ₩13,580,000

비율 = 1,000,000÷13,580,000 = 7.36%

3. (요구사항 2)에서 연구개발 및 설계단계까지 발생한 원가가 총원가의 7.36%에 불과하다. 그러나 한 연구 결과에 따르면 신제품에 대한 수명주기 예산총원가의 80%가 연구개발 및 설계단계까지 동결된다고 한다. 이와 같은 연구결과는 회사가 WT의 설계를 마치면 WT를 변경하거나 원가를 감소시키는 것이 어렵다는 것을 시사한다. 총원가를 감소시키거나 관리하기 위해서는 원가가 동결되기 이전에 설계를 변경해야 한다.

4. WT의 가격을 ₩3 줄일 경우 수명주기영업이익은 ₩1,912,000이다. 이것은 요구사항 1의 영업이익 ₩2,420,000에 비해 작으므로 회사는 가격을 인하해서는 안 된다.

Ⅰ. 수명주기 수익	₩37×440,000 =		₩16,280,000
Ⅱ. 수명주기 원가			
(1) 연구개발 및 제품설계			
(2) 제조원가		1,000,000	
단위당 변동원가	₩37×440,000=	6,600,000	
생산묶음당 변동원가	₩600×800[*1] =	480,000	
고정원가		1,800,000	
(3) 마케팅원가			
변동원가	₩3.2×440,000=	1,408,000	
고정원가		1,000,000	
(4) 물류원가			
물류묶음당 변동원가	₩280×2,500[*2]=	700,000	
고정원가		720,000	
(5) 고객서비스원가	1.5×400,000=	660,000	14,368,000
Ⅲ. 영업이익			2,420,000

[*1] 440,000÷550 = 800묶음
[*2] 440,000÷176 = 2,500묶음

문4 해답

1. 품질원가 집계

(1) 예방원가

설계원가	₩160,000
예방유지원가	45,000
종업원훈련원가	240,000
합　계	₩445,000

(2) 평가원가

검사장비보수원가	₩100,000
구입재료검사원가	80,000

제품검사원가	90,000
합　　계	₩270,000

(3) 내부실패원가

재작업원가	₩250,000
기계고장수리원가	70,000
합　　계	₩320,000

(4) 외부실패원가

반품원가	₩50,000
소비자불만처리비	40,000
제품보증원가	400,000
보증수선비용	500,000
합　　계	₩990,000
총 합 계	₩2,025,000

2.

	매출액 대비 비율	
예 방 원 가	: ₩445,000÷₩30,000,000	= 1.48%
평 가 원 가	: ₩270,000÷₩30,000,000	= 0.9%
내부실패원가	: ₩320,000÷₩30,000,000	= 1.07%
외부실패원가	: ₩990,000÷₩30,000,000	= 3.3%
총　합　계	: ₩2,025,000÷₩30,000,000	= 6.75%

3. 서강자동차의 스포츠카 V3의 품질원가에서 크게 문제되어 보이는 점은 없다. 그러나 외부실패원가가 다소 높게 발생하고 있다. 따라서 서강자동차는 외부실패원가의 발생을 감소시킬 수 있는 방안을 마련해야 할 것이다. V3의 품질원가는 외부실패원가 → 예방원가 → 내부실패원가 → 평가원가 순으로 많이 발생하고 있으나 보다 바람직한 분포는 예방원가 → 평가원가 → 내부실패원가 → 외부실패원가의 순으로 많이 발생하는 것이라 한다.

문5 해답

1.

	예방원가	평가원가	내부실패원가	외부실패원가
①		1,000		
②				3,200
③	1,500			
④			1,800	
⑤				4,400
⑥		1,400		
⑦			1,900	
⑧	1,600			
⑨	1,300			
⑩		1,000		
⑪				3,500
⑫			2,100	
⑬	1,100			
⑭		1,700		
계	₩5,500	₩5,100	₩5,800	₩11,100

2. (1) 매출액에 대한 비율

예방원가	평가원가	내부실패원가	외부실패원가
$\frac{5{,}400}{500{,}000}=1.08\%$	$\frac{5{,}000}{500{,}000}=1\%$	$\frac{6{,}000}{500{,}000}=1.2\%$	$\frac{11{,}000}{500{,}000}=2.2\%$

(2) (주)완벽은 사전품질원가(예방원가와 평가원가)의 비율이 낮다. 그 결과 사후품질원가(내부실패원가와 외부실패원가)가 많이 발생하였다. 특히 외부실패원가가 많이 발생하였다. 사후품질원가는 사전품질원가에 비하여 기업에 미치는 재무적, 비재무적 영향이 크므로 사후품질원가를 낮추기 위하여 사전품질 관리활동을 강화하는 것이 바람직하다.

3.

① 총품질원가 ② 실패원가 ③ 통제원가

문6 해답

1.

(1) 활동별 제조간접비배부율

주문	: 2,500/8회	=	주문 횟수당	312.5
작업준비	: 2,720/10시간	=	작업준비시간당	272
부품처리	: 4,000/80개	=	부품수당	50
검사	:		검사시간당	480
재작업	: 10,400/60개	=	재작업수량당	177.33

(2) 단위당 제조원가

직접재료비			10,000
직접노무원가			12,000
제조간접비			
기계가동		₩4,000	
주문	4회×@312.5=	1,250	
작업준비	5시간×@272=	1,360	
부품처리	50개×@50=	2,500	
검사	₩8,380×75%=	6,285	
재작업	30개×@173.33=	5,200	20,595
총제조원가			₩42,595
생산량			÷600개
단위당 제조원가			@70.99

2.

	설계변경전	설계변경후
총제조원가	₩54,000	₩42,595
생산량	÷600개	÷600개
단위당 제조원가	@90	@70.99

회사는 설계변경을 함으로써 ₩19.01(=₩90−₩70.99)만큼 단위당 제조원가가 감소한다. 이는 설계변경 후 목표원가인 단위당 제조원가 ₩78.3에 비하여 ₩7.31만큼 단위당 제조원가를 더 감소시키므로 설계변경이 회사의 목표원가를 달성하게 한다.

3.

최근에 생산기술의 발달, 제조과정의 자동화 및 기계설비의 대형화로 인하여 제조단계에서 사후적으로 원가절감을 할 여지가 거의 없어졌고, 제품수명주기원가의 대부분이 제조이전단계에서 확정되므로 제품설계단계에서 가치공학(value engineering)과정 등을 통한 원가절감노력은 제조단계나 제조이후 단계의 원가(예를 들면, 고객서비스)발생에 보다 큰 영향을 미치기 때문이다. 따라서 제품설계 단계에서부터 고객이 요구하는 가격, 품질, 성능을 감안하여 목표원가를 설정하여 사전적으로 원가절감노력을 기울이는 것이 더 효과적이라 할 수 있다.

문7 해답

1. 단위당 제조원가

원가요소	금　액	계산근거
직접재료비	₩270	= ₩300－30
직접노무비	50	= ₩60－10
기계가공원가	45	= 1시간×0.9×₩50
검사원가	18	= 2시간×0.9×10
재작업원가	1.5	= (5,000개×0.05×₩30)/5,000개
엔지니어링원가	52	= ₩260,000/5,000개
계	₩436.5	

2. 목표원가 달성 여부

· 목표원가: ₩485－50 = ₩435

· 설계변경에 따른 NAC의 단위당 제조원가는 ₩436.5이므로 목표원가인 ₩435을 달성하지 못한다.

3. 원가절감의 효과비교

설계변경에 따른 NAC를 개발하는 것이 기존 제조공정의 효율성을 개선하는 것보다 효과가 더 크다. 그 이유는 제조공정에서 발생하는 원가는 연구개발이나 설계단계에서 이미 결정되므로 제조단계에서 통제하여 절감할 수 있는 원가에는 한계가 있기 때문이다. 따라서 원가를 대폭적으로 줄일 수는 없으며, 제조원가를 혁신적으로 절감하기 위해서는 제조 이전 단계인 연구개발이나 설계에 더 많은 집중을 해야 한다.

4. 전통적 원가절감과 목표원가

(1) 비교

· 전통적 원가절감은 공급자 중심시장에서 이루어진 반면, 목표원가는 소비자중심의 경쟁시장하에서 발생한 개념이다.

· 전통적 원가절감은 단순히 생산원가의 절감이 목표이나, 목표원가는 제품수명주기원가의 절감을 목표로 한다.

· 전통적 원가절감은 현재의 제조활동에서 발생하는 원가를 절감대상으로 하는 반면, 목표원가는 생산 예정(미래)제품의 원가를 주로 절감대상으로 한다.

· 전통적 원가절감은 원가절감을 위해 주로 제조단계를 분석대상으로 하였으나, 목표원가는 연구개발이나 설계단계를 분석대상으로 한다.

(2) 수명주기원가의 절감

원가절감의 대상이 단순히 제조원가가 아니라 제품의 연구개발부터 폐기시점까지 발생하는 모든 원가가 되어야 한다. 즉 제조원가의 절감만을 추구할 경우 그 이전단계나 그 이후단계의 원가증가로 인해 수명주기 동안의 전체원가가 증가할 경우가 발생할 수 있다. 따라서 수명주가원가를 대상으로 원가를 절감하는 것이 바람직하다. 이때 수명주기 단계별로 발생하는 원가간의 상호작용관계를 파악하고 고려해야 한다.

문8 해답

1. 제조시간 : 50회×80시간=4,000시간

사용비율 : 4,000÷5,000=80%

2. 주문당 평균대기시간

$$\frac{(50\times80^2)+(25\times20^2)}{2\times[5{,}000-(50\times80)-(25\times20)]}=\frac{330{,}000}{1{,}000}=330$$

3.

〈자료정리〉

		대기시간	제조시간	제조주기시간
A만 생산	A	160	80	240
A, B 동시생산	A	330	80	410
	B	330	20	350

(1) A만 생산시 매출액: $50\times27{,}000=1{,}350{,}000$

A, B 동시생산시 매출액: $50\times26{,}500+25\times8{,}000=1{,}525{,}000$

매출액 증가: ₩175,000

(2) A만 생산시 원가 : $50\times15{,}000+50\times240\times0.75=759{,}000$

A, B 동시생산시 매출액: $50\times15{,}000+50\times410\times0.75+25\times5{,}000+25\times350\times0.2=892{,}125$

원가 증가 : ₩133,125

문9 해답

1.

활 동	예방원가	평가원가	내부 실패원가	외부 실패원가
품질방침기획/선포활동	₩10			
선적전 불량품 재작업활동			₩20	
반품 재작업활동				₩30
예방적 설비보수/유지활동	40			
제품품질검사/시험활동		60		
원자재공급사 평가활동	70			
반품 재검사활동				80
품질교육/훈련활동	90			
	₩210	₩60	₩20	₩110

2.

- 품질원가의 분류

예 방 원 가	200(설계)＋100(교육) ＝	300
평 가 원 가		50
내부실패원가	불량재공품재작업	100
외부실패원가	100(반품재작업)＋150＋150 ＝	400

- 증분이익

증분수익	증분비용
내부실패원가 감소 : 100×0.5	예방원가 증가 : 300×0.5
외부실패원가 감소 : 400×0.4	

∴ 증분이익 : 60

3.

$$MCE = \frac{120}{10+60+50+120} = 50\%$$

[저자약력]

김 순 기

서강대학교 대학원 경영학과 석사
University of Houston, Ph.D.
공인회계사시험 출제위원
서강대학교 언론사 주간교수
서강대학교 총무처장, 기획처장
한화에너지, LG생명과학 등 사외이사
(현)서강대학교 대외부총장

[주요저서]
예수님께 가까이(샘앤북스)
K-IFRS 회계원리(박영사, 공저)
한국의 원가관리(홍문사, 공저) 등

황 국 재

공인회계사시험 출제위원
세무사시험 출제위원
공인회계사, 삼일회계법인 근무
한국공인회계사회 회계감사 연구위원
한국관리회계학회 회장
(현)서강대학교 경영대학 교수

[주요저서]
관리회계(홍문사, 공저)
내부통제리스크평가(CFO아카데미, 공저) 등

임 태 종

서강대학교 대학원 경영학과 석사
서강대학교 대학원 경영학과 박사
세무사시험 출제위원
임태종 세무회계사무소 대표세무사
국세청 인트라넷 원가관리회계 외래교수
LG인화원 MBA과정 외래교수
(현)삼육대학교 경영학과 교수

[주요저서]
원가관리회계(지혜의샘)
원가관리회계 100선 plus+(지혜의샘) 등

이 상 완

서강대학교 대학원 경영학과 석사
서강대학교 대학원 경영학과 박사
공인회계사시험 출제위원
세무사시험 출제위원
동아대학교 재무처장
경영교육연구 편집위원장
(현)동아대학교 경영학과 교수

[주요저서]
K-IFRS 회계원리(박영사, 공저)
관리회계(홍문사, 공저)등

제4판 **원가관리회계** – 연습문제 해답집

2007년 4월 20일 제 1 판 발행
2011년 9월 5일 제 2 판 발행
2015년 3월 10일 제 3 판 발행
2021년 2월 25일 제 4 판 발행

공저자 김순기·황국재·임태종·이상완
발행인 임 권 규
발행처 弘 文 社

저자와 협의하에 인지를 생략함

05855 서울시 송파구 송파대로 167 테라타워 B동 802호
등록 1993. 6. 24. 제1-1543호
TEL. 712-5311(代) FAX. 716-5311

값 15,000원

ISBN 978-89-7770-358-2 93320